〜保険営業で成長するための〜

無知の知のススメ

保険ジャーナリスト
森田 直子 著

HM 保険毎日新聞社

はじめに

この書籍は、二〇〇七年から保険毎日新聞に連載してきた記事「生保営業のひよこ」のほか、その前に書いた「保険金請求の現場から」なども含め六七本のコラムを選び、テーマごとに並べ替え、まとめたものです。

コラム「生保営業のひよこ」は一二年の長期連載となり一二三五本を超える本数となりました(二〇一九年四月現在)。

私が初めて保険業界に入ったのは一九九二年、あれから二七年という月日が過ぎました。しかし時が過ぎても、新人時代に初めて保険営業をして感じた新鮮な驚きは、いまだに忘れられないものがあります。当時は、保険の「ホ」の字も知らない自分が、自分の無知を恐れず経験を積んでいった中に、私がこの業界で生き残ることになった多くのヒントがあったのではないか、ということを感じています。

営業という仕事は、時に悩み、失敗もする、それが常ではありますが、悩みや不安の中にこそ、明るい未来に歩き出すきっかけとなるものが秘められています。そんな原石となるヒントを、この書籍から少しでも感じていただければ幸いです。またコラムの中には一〇年前に書いたものもありますが、今も変わらないものがあることも感じていただければと思います。

ところで二〇〇九年に私自身が頸椎疾患により半身に麻痺が残り、体が多少不自由になるという経験をしています。保険を取り扱う立場であると同時に、保険に助けられる側の立場も経験することになり、ケガや病に苦しむ人にとって保険が希望の光となることを自ら経験しました。第六章では、保険で助けられる人の立場や介護現場についてまとめていますので、こちらも参考にしてください。

また、本文中や章扉頁のイラストは、筆者である私が書いたものです。稚拙ですがイラストもお楽しみください。

この書籍のタイトルでもある「無知の知」とはソクラテスの言葉ですが、知らないことは恥ずべきことではなく、チャンスをつかむスタートに立つ要因となることを、お伝えできればと思っています。

平成三〇年一二月

森田　直子

目次

第2章 営業テクニックのヒント……57

第3章　社員教育と新人の心構え

第4章 悩むことは成功のモト……137

第5章　顧客サービスと営業の原点……179

第6章　給付金請求事例と入院・介護体験実況中継…237

第1章

成長のエッセンス

◆一　モチベーションとは何か◆

営業という仕事において、いかにモチベーションを維持し続けるのかは永遠のテーマです。

今回は、〝モチベーションとは何か〟という根本的なことを考えてみたいと思います。

かなり以前のことになりますが、インターネットの掲示板コミュニティーで、生命保険の営業について「何をモチベーションの糧として仕事をすればよいと思いますか」というような質問があり、複数の人がアドバイスのコメントを書いていました。

コメントの内容は、大きく分けて二種類の傾向があり、一つは「お客さまの喜ぶ顔」、そしてもう一つは「収入」でした。

お客さまが喜ぶことが生きがいと答えた人は、お金に走るのは良くないと考える傾向があり、反対に収入が目的と答えた人は、「収入を追うことこそがプロたる道」と力説していました。この二つは、ある面で相反する考え方のため、ネット上では議論がヒートアップしていました。

さて、これに対して、私が思うモチベーション維持に必要なものとは、「お客さまの喜ぶ顔」も「収入」もどちらもなければダメで、さらに「人の役に立っている」、「自分は成長している」、

「自分を必要としている人たちがいる」という実感も必要——というものです。これらは言い換えると「充実感・成長感・達成感・使命感・貢献感・存在感」となり、モチベーションを長く維持し続けるには、これら複数のプラス思考がすべて必要ということです。

ただし、短期間で一気に成長を遂げるという目的の下であれば、一つだけに絞って、そこにトコトンこだわる方法も有効です。これは私自身も経験があり、過去に収入アップだけにこだわって、がむしゃらに仕事をした時期があります。二年程度の期間でしたが、この期間に、私は営業成績が倍増しました。このように短期間なら、特に成績や収入だけにこだわることにも意味があると思います。

しかし、三年目に著しく体調を崩し、さらに人間関係の摩擦に巻き込まれて、心身ともに疲弊する事態となり、収入が下がり始めるとすべてがマイナス方向に進みました。

そういう経験を経て、ただひたすら、がむしゃらに仕事をするだけではダメなんだと学ぶことになったのです。そのときの経験は、私にとって痛恨の失敗の思い出です。

仕事をするうえでは、誰しも、良いときも悪いときもあるものです。たとえば、社会情勢が変わったり、世の中の流行や常識感が少し変わるだけで、物事が一変するのはよくあることです。今は順調に仕事ができている人も、それが永遠に続く保証はなく、むしろ世の中は常に変化するのが普通です。

それでも、どんな状況下でも、ペースを崩さず仕事にまい進するには、前述したように複数のプラス要素がそろっていることが重要です。たとえ一時的に収入が下がっても、または自分の失敗によって顧客の信用を失うようなことが起こっても、ほかのプラス要素が複数あることで、気持ちを崩さずに維持できる可能性が高まるからです。

ところで、私の痛恨の失敗経験は、成績が上がって調子よく数字を出していた位置から転落するというものでしたので、当時まだ若く、生意気だった自分の鼻っ柱が折られる手痛いものでした。その後、紆余（うよ）曲折を経て、独立起業の道に進んでいます。

でも、痛恨の経験を反省する気持ちがあったおかげで、起業当初は一からやり直す思いで人様に頭を下げられた部分もあり、そう考えると、手痛い経験も長い目で見れば必要なものだということを実感しております。

最後に、そもそもモチベーションとは何なのかという根本的なことを考えてみたいと思います。

「モチベーション」という言葉の意味は、「人が何かをする際の動機付けや目的意識」です。モチベーションを維持するということは、「目的意識を見失わないようにすること」そのものです。

迷いが生じたときには、数字など目先の目標だけではなく、そのずっと先を想像してみてください。今、自分が取り組んでいる仕事が、社会にどのように役立っているのかというような、ゴール地点を考えるわけです。そのイメージを確立することで、モチベーションはもっと維持しやすくなります。これは心理学などでも言われていることですので、参考にしてみてください。

また、最終的な目的が見えていれば、時には我慢をしたり、耐え忍ぶことも必要だと思える場面も増えるはずです。

複数の動機付けを持ち、遠い先の目的をイメージすること、それがモチベーションの浮き沈みを防ぎ、どんな状況下でもプラス思考で仕事に取り組む鍵となります。

苦しいときほど、〝たとえ今は苦しくても、先にはまた明るい未来が来る〟と思える仕事の仕方を心掛けることで、自分を長い間くじけさせず、モチベーションを維持し続けることにつながります。

◆二　Ｇｒｉｔ（＝やり抜く力）◆

最近、テレビなどで放送されているスーパープレゼンテーション「ＴＥＤ」という番組をご存知でしょうか。

ＴＥＤ（Technology Entertainment Design）とは、世界の著名な方々による講演を開催・配信をしている非営利団体です。この講演会は、マイクロソフトの創業者ビル・ゲイツ氏や、アップルの生みの親スティーブ・ジョブズ氏も登壇したことがあり、世界各地で開催され、日本でも行われています。

先日、テレビで何気なくこのＴＥＤを見ていたところ、非常に興味深い内容でしたので紹介したいと思います。

講師はアンジェラ・リー・ダックスワース氏という米国の女性心理学者です。テーマは「成功の秘訣（ひけつ）とは何か」というものでした。

彼女は、心理学の研究チームとともに、「誰が成功するか。そして、それはなぜか」を調べることに挑戦しました。さまざまな条件の下で調査を行ったそうで、たとえば「陸軍士官学校で、誰が最後までやり抜き、誰が中退するか」を予想したり、「学習コンテストで、どの子どもが優勝するか」、「教育困難な地域で働く新米教師のうち、誰が一年間仕事を続け、誰が一番生徒の学習能力を向上させられるか」、「民間企業で、どの販売員が仕事を続け、誰が一番お金を稼ぐか」というように、まったく異なる環境やテーマで研究や調査を行いました。

その結果、「どのような条件や環境の下でも、成功を左右する項目は一つである」という結論にたどり着きました。

それは、社会性や知性でもなく、ルックスや身体的な健康でもなく、ＩＱでもない。「Ｇｒｉｔ（＝やり抜く力）(注)」であるということでした。

Ｇｒｉｔとは、「超長期的な目標に向けた情熱や忍耐力、そのスタミナがあること。明けても暮れても、自らの目標に強くこだわること」だそうです。

この話を聞いていて、私はある言葉が頭に浮かびました。「努力と根性」です。日本で昔から言われているこの言葉、Ｇｒｉｔとはまさにそれだなと思ったわけです。

米国では、成功する人とは「賢い人」とか「要領のいい人」というような常識があるそうで、ですから成功の鍵がＧｒｉｔとされたことは、米国人にとっては、常識が覆される結果となったようです。

でも日本では、ずっと昔から「努力と根性」は一般的です。これが覆れば面白かったのですが、やっぱりそのとおりだったという答えに行き着いたわけです。

日本では当たり前のことを、米国の研究者が大真面目に研究・調査し、学術的に証明してくれたことが、非常に興味深いと思いました。

しかし、日本で「成功の鍵は努力と根性」と言っても、当たり前過ぎるし、漠然としていて意味がない印象になってしまうので、私なりの言葉で表現してみます。

成功の鍵、それは「目標に対する強い強いこだわり」、「どうしても目標を達成したい、しなければならないという思いをどこまでも捨てないこと」と言うと、少しわかりやすいでしょうか。それがGｒｉｔです。

では、Gｒｉｔはどうしたら身に付く、または得られるのでしょうか。

これについて、ダックスワース氏は「わからない」と言っていました。つまり、研究はまだここまでで、わかっていることは、「才能や能力や環境に関係なく、Gｒｉｔがある人が成功に近づくという事実」だけだそうです。

そこで、私なりのヒントをこれに付け足してみます。

Gｒｉｔを身に付けやすくするコツ、それは「どうしても目標達成をしなければならない環境に身を置くこと」だと思います。

たとえば、後輩を指導・教育する立場になれば、少し無理をしてでも、いつもよりレベルの高い自分であろうとします。ですから、後輩を指導することは、自分が成長するための一番の近道です。

あるいは、「家族の生活を守るという目的や責任のために頑張る」でもいいと思います。

私自身も過去に、数か月後に迫った子どもの学費納入期限のために、必死に仕事を取ってきたことがあります。必死になれば、大概のことは何とかなるものらしく、本当にギリギリで間に合った――という思い出です。

家族のためや、誰かのため、というのはかなり頑張れる要素になると思います。ところで、ダックスワース氏は、Ｇｒｉｔを身に付ける方法には行き着いていないと言っていましたが、あれだけ情熱を持ってこのテーマの研究に取り組んでいるのですから、いつか答えにたどり着くと思います。彼女は「子どもたちの〝やり抜く力〟を高めるために、自分たちがやり抜かなければならない」と言っていました。彼女のＧｒｉｔがあれば、きっといつか目標を達成するでしょう。

（注）「やり抜く力」アンジェラ・リー・ダックスワース／ＴＥＤ（YouTube:https://goo.gl/p9QwXk）

◆三　大胆な目標が自分を支える◆

二〇一七年ごろからＢＨＡＧ（ビーハグ）という言葉を耳にするようになりました。ビジネス書『ビジョナリー・カンパニー』で紹介された言葉で、ＢＨＡＧとは「Big Hairy Audacious Goals」の略であり、企業理念のことを指す言葉として用いられているので「社運を賭けた大胆な目標」と訳されることが多いようです。

また、Ｈａｉｒｙは「荒々しい」という意味とのことですので、「大胆不敵で破天荒な目標」と表現してもいいのかもしれません。

企業が自社の柱となる理念として、大胆な目標を掲げることは、社員がそこに向かって一丸となりやすい環境を作ることにつながるため、ＢＨＡＧは企業が長く発展存続するうえで非常に重要だとされています。

そしてＢＨＡＧは、企業だけではなく「個人」にとっても当てはまるものではないかと思います。たとえば保険の営業という仕事をしていくうえで、「自分は日本一顧客思いのセールスパーソンになる」という目標を掲げることを想定してみましょう。

「日本一」というのがかなり大胆なので、まさにＢＨＡＧです。そして、「顧客思い」という理想的な善い行いが明確な目標ですから、わかりやすく、これがＢＨＡＧの必要な条件でもあります。これを紙に書いたり頻繁に口にしたりして、周りに周知することも大切です。

そしてもしも、「顧客にとってプラスになるかならないかはハッキリしないが、でも自分の成績がかかっている」そんな局面となったとき、皆さんならどうしますか？

自分の成績を重視しますか？　それとも、罪悪感を残したくないので最初から成績を諦めますか？

このようにふと迷う瞬間に、ＢＨＡＧは大きな効力を発揮するように思います。つまり、迷ったときには「日本一の顧客思い」という信念に立ち返ることで、自分の提案している保障内容が、本当に顧客にとって必要なもので、顧客も納得のうえで喜んで契約をしていただけるものかどうか？　という本質に、すぐに気持ちが戻れるからです。

判断がつかないときは、もう一度最初から顧客のニーズや情報を詳しくうかがい、顧客の意向を知るよう努めるという基本的な行動をすればいいのです。

こうした明確な判断と行動に移す「スピード」は、何となくわかっている、できれば目指している、という程度の信念だけでは圧倒的に遅くなるものです。明確で大胆なＢＨＡＧがあることで、迷いなく速攻で行動に移しやすくなるのです。

ところで、私自身も一八年前に起業した当時に、「インターネットを通じて保険に関する情報を多くの人に提供する仕事がしたい」という夢を持っており、それがそのまま弊社の企業理念になっています。今そう聞いてもあまり違和感がないかもしれませんが、当時はまだ、保険業界にインターネットがない時代でした。そのためほとんどの人に理解されず鼻で笑われたりしました。これが今思うと、ＢＨＡＧそのものだったのでしょう。

一八年の間、迷ったときには、「インターネットを通じて保険に関する情報を多くの人に提供する」につながることはする、つながらないことはしない、という明確な判断基準がありました。おかげで判断が早く、軌道修正も柔軟にできたように思います。

このようにＢＨＡＧとは、正しく理想的なことに加えて、周りの人からみて驚いたり、大げさだと時には笑われたりするようなもののほうが、むしろ効果があるように思います。

また、私の友人でもある成績優秀な営業職員の方が、「私は手数料や歩合給に関係なく、顧客に必要な保険商品の提案しかしない」と明言していました。その方は一年が過ぎてふたを開けると、なぜか本社表彰対象になっているそうで、ご本人は意識せずそうなっているとのことですが、理由は明確だと思います。成績優秀はもちろんなのですが、継続率が圧倒的に高いのです。保険のセールスにおいて、継続率の高さは成功のための重要な要因ですよね。

このように、自分自身の明確な目標や信念からぶれない人が、結果的には成功に近づくことになります。それに、ぶれない信念があるというのは便利なものです。仕事のうえでも、また人生においても、迷ったときに戻れるものがあることが大きな心の支えとなるからです。

よろしければこの機会に、あっと驚くような、大胆不敵な目標を掲げてみてはいかがでしょうか。

◆四　プロフェッショナルの脳◆

今回は、プロフェッショナルの脳とはいかなるものなのか?ということを、脳科学の知見も紹介しながら書いてみたいと思います。とは言え、私は脳科学の専門家でも何でもないので、軽い気持ちでお読みください。

数年前ですが、テレビで脳科学に関する番組(注)が放映されました。その中で「達人の脳」というテーマで、プロの脳と、そうではない人の脳の動きがどう違うのかということを実証する実験が行われました。

ベテランアナウンサーと若手アナウンサーにそれぞれ、ぶっつけ本番で、同じ映像の実況中継をしてもらい、その際の脳波を測定するというものでした。

若手アナウンサーといっても実況は大変に上手で、目まぐるしく変化する映像を次々と解説していきます。その間、脳波は激しく動き、脳が活発に活動している状態であることが判明しました。

一方、ベテランアナウンサーは、もちろん上手に実況中継をしていましたが、対照的に脳波はそれほど変動がないという結果だったのです。

つまり、プロになるほど脳が無駄な動きをしなくなるということのようです。

「考えなくても結果を出せる、それがプロフェッショナルの脳である」という実験結果に、何か腑（ふ）に落ちない気もしましたが、番組では次に、サッカーのネイマール選手のプレーを紹介し、彼が無意識のうちに最も的確な動きは何かの判断を当たり前にしていることが紹介されました。

ディフェンスを擦り抜けるあのスーパープレーは、まさに「プロの脳」がなせる技ということで、ネイマールファンの私も、なるほどと思った次第です。

ところで、私たちがプロフェッショナルの脳を持つにはどうすればいいのでしょう？

やはり訓練を行って場数を踏むことが第一なわけですが、では、誰でも頑張ればプロの脳を持てるようになるのでしょうか？

ネイマール選手は生まれながらに特殊で希少な才能を持っている人ですから、訓練次第で誰もがネイマール選手になれるわけではないですよね。アナウンサーの方も、もともと頭の良い人たちでしょうから、本当に誰の脳でもプロの脳になり得るのか？　という疑問が生じます。

これに対し番組で示されたヒントは、次のようなものでした。

それは、生まれつき「小脳がない」という障害のある赤ちゃんのドキュメントです。運動能力に重篤な障害のある赤ちゃんで、二歳を過ぎても歩けず、手足が思うように前に出ないために動きはバラバラで、ハイハイもうまくできませんでした。しかし、その子が八歳になったときには、何と普通の小学生とまるで変わらない、むしろ非常に活発でハキハキとした、利発な子に育っていたのです。

これは長きにわたるリハビリ訓練を継続してきたお母さんの深い愛情のたまものでした。脳の中に働かない機能や不足する部分があっても、訓練や環境や愛情によって、脳は違う部分を発達させてカバーする、という実証例なのです。人間の脳とはすごいものだと思いました。

実は、この点に関して、私自身にも思い当たるところがあります。私は二〇〇九年の頸椎（けいつい）疾患以降、半身に軽度のまひが残ったことで、それまで当たり前にできていたことができなくなるという体験をしています。

たとえば、長時間原稿を書き続けたり、徹夜で仕事をするというやり方は、当然できなくなり、適度に休息を入れなければつらくなりました。また、頭で考えて書こうとする内容と、キーを打つ指の動きに一瞬のズレがあり、文字の打ち間違いが増えました。

最初は仕事の能力が落ちたことに大きなショックを受けました。

しかしありがたいことに、原稿執筆の仕事依頼が途切れなかったため、悩む暇もないまま、とにかく予定を組み、休憩も入れつつ、無理しないように注意しながら、打ち間違いは何度も見直すなどして、仕事をこなしていく「訓練」を自然に継続することになりました。

そのおかげなのか？　なぜか以前よりも原稿を書くスピードが速くなりました。それまでの自分の仕事のやり方とはまったく違い、「脳の中に新しい回路ができた？」という感じがするほどです。ですから、訓練によって脳は生まれ変わると実感しています。

また当時、大学生の娘がいたため、「仕事をして学費を稼がなければ！」という家族への思いがあったことも影響したと思います。

この番組も、最新の脳科学によって「訓練と環境、心の支えなどにより脳は常に進化を遂げる」ということを証明する内容でした。

営業という仕事におけるプロフェッショナルの脳も、誰もが持てるものであり、常に無限大に進化する可能性が、本当に誰にでもあるということなのです。

しかしそれにはコツも必要で、心の支えとなるような仕事のやりがいやお客さまへの感謝の思い、仲間や友達、家族などの存在も鍵となってくるでしょう。「誰かのため」、「何かのため」、「愛する人のため」という思いが、脳の進化を早めるからです。

早く成長したい、営業のプロになりたいと思うとき、そうした総合的な環境を最初に作って、そこで訓練を積むことが、脳科学的な観点でいうところの、営業のプロフェッショナルとして成功するためのポイントかもしれません。参考にしていただければと思います。

（注）ＴＢＳ『生命38億年スペシャル　最新脳科学ミステリー〝人間とは何だ…！？〟』（二〇一五年二月一一日放送）番組ホームページhttp://www.tbs.co.jp/mirai-isan/backnumber/18.html

◆五　間違いのない努力の方向◆

人が成長するためには、練習や経験による努力の積み重ねが不可欠です。でも、時に、その努力の方向が少し間違っているのでは？　と感じる場合があります。

皆さんも周りの人を広く見渡してみると、頑張っているのになかなか結果が出ない、何となく空回りをしているように見えるという人もいるのではないでしょうか。

しかし、そうやって他人のことは客観的に見えても、自分自身のこととなると、案外よくわかっていなかったり、間違っていても気が付かない場合が多いように思います。

私も自分に自信が持てないときがよくあります。自分は一生懸命に頑張っているけれど、果たしてこれでいいのか？　自分の努力の方向は間違っていないだろうか？　と自分に問うこともしばしばです。もしも自分が今頑張っていることが、間違った方向に進んでいるなら、せっかく頑張ったのに無駄となって、骨折り損のくたびれもうけ、ということになってしまいます。できれば、そうなることは避けたいところです。

そこで今回は、努力の方向を間違えないようにするにはどうしたらいいのか、ということを考えてみたいと思います。

最初に結論だけ言ってしまうと、人間は間違う生き物なので、努力の方向を絶対に間違えない方法は……、「ない」これが結論です。

なんと、どうしたら無駄な努力をしなくて済むかというテーマなのに、いきなり「その方法はありません」という答えになってしまいました。

でも、これには理由があります。

営業において、高い成績を出して成功するための方法は一つではありませんよね。もしかしたら、成功者の数だけ、成功する方法もあるのかもしれません。

成功した誰かの方法をそっくり真似しても、自分に当てはまるとは限らないわけです。つまり、この方法なら絶対に誰でもうまくいくという方法は（ほぼ）ないだろう、というのが私の考えです。

ですから営業のノウハウ本で「誰でもできる」とか「簡単な方法」などとうたい文句があると、いかにも疑わしい、と私は感じてしまいます。誰にでもできるなら、何十年もの間、営業職がこんなに入れ替わりの激しい職業であり続けるわけがありません。

とは言え、書籍の出版は「書籍を売る」ことも一つの目的ですから、わかりやすくインパクトのあるタイトルを付けるのはもっともなことです。実際に本を読んでみると「誰にでもできるけれど、一定の努力や訓練は必要」というようなことが書かれていたりしますので、そもそも書籍のタイトルは当てにならないと思ったほうがいいかもしれません。

それよりも、そうしたノウハウ本で他人の成功方法を適度に参考にしつつ、結果として「オリジナル」な方法を探し当てることのほうが大切なのです。

ですから努力の方向は、その時々において、あっちこっちいろいろな方向を試してみる、これが正解です。たとえ失敗してがっかりしても、無駄骨だったと思えても、気にせず「次の努力の方向に気持ちを一気に切り替える」、そのための努力こそが大切なのです。努力が無駄だったとわかったことで十分お釣りがくるのですから、本当は無駄な努力などないのです。

そしていろいろな方法を試してみる、そこに努力のベクトルを向けるべきです。また、自分にとってベストだと思える方法に巡りあえても、時代とともにその方法がだんだんとマッチしなくなることもあります。ですから、さまざまな方法を試してみる柔軟性は、どんなにベテランになっても必要です。

そして、一番良くないのは「同じ方法ばかりにこだわり過ぎること」です。これこそが失敗の原因であり最も非効率なやり方です。

以前私が教育担当をしていたときの話ですが、大変真面目に仕事をしているのに結果が出ない人がいました。とてもいい人でしたし、顧客からの信頼も厚い人でしたが、新契約がなかなか挙がらないのです。

その方に、「三か月間同じ方法を取って結果が出ないならやり方が間違っているのだから変えるべき」と話しましたが、どうしても自分流のやり方以外の方法に変えることができないようでした。何度か指摘しましたが、とうとう最後にはご本人の強い反発に遭いました。それだけご自身の方法に信念があったのでしょう。

ちなみにその失敗要因とは、見込み客の見極め方にありました。今すぐ保険に加入しないけれど、いつか加入してくれるかもしれない、という人たちへの営業に時間を取り過ぎて新規開拓が手薄となっていたのです。時間配分や気持ちの配分のバランスを変えるべきでしたが、この人は、自分と仲良くしてくれた人たちへの感謝の気持ちがとても強かったのでしょう。

こうした自分なりの信念が揺るがない人は、人としてはとても魅力的ですてきです。私が顧客だったらそういう人から保険に加入したいとさえ思います。でも営業やビジネスにおいては、信念が強過ぎると、それが仇（あだ）となる場合があるのです。毎月限られた時間の中で結果を出すにはバランス感覚も大切です。

最後に、努力の方向を間違えないようにするには、多方向への努力を受け入れる、ということが私なりの答えです。もっと気持ちを軽くして「いろいろな方法を、興味を持って試してみよう」という柔軟な発想を見失わないことが大切だと思います。

◆六　忘れっぽい人の対策に学ぶ◆

先日、若手の知人女性から聞いた話が興味深かったので紹介します。

その女性は、子どものころから忘れ物が多く、また宿題や約束をすっかり忘れたり、自分が大切にしている物さえなくしてしまうことが多かったそうです。

そんな自分の性質について、随分と悩まれた時期もあったとか。

しかし、今の彼女はそのような人には見えません。元気で行動的でテキパキとした印象です。

彼女いわく、さまざまな工夫や方法を取ることで、かなりカバーできるようになったとのこと。詳しく聞いてみると、その発想や対策、方法がとても面白いのです。

彼女は「私も、好きで忘れるわけではないので相当悩んだけれど、いくら気を付けても直らない。そこである日、ほかの人はなぜ忘れないか？　という観点で観察したところ、ほかの人は、特に苦労をしなくても自然に忘れないことがわかった。それに対して自分は、自然にすると毎回忘れてしまう。つまり、これは持って生まれた性質だと自覚した」とのことです。

そのため、単なる努力ではなく、工夫が必要だと考えるようになったとか……。

たとえば学生時代、宿題は口に出して「数学宿題○ページ！」と三回唱えるようにしました。口に出して何度も言うと忘れにくくなるからとのことですが、それを毎度聞かされるクラスメートも、宿題を忘れにくくなったそうです。

また、仕事中に自分が何か行動する際には、必ず周りの人に伝えるそうです。たとえば「今日はこの仕事をする予定です」とか、「あとで○○の資料を取りに行かなければ」という具合です。口に出して忘れることを防ぐと同時に、周りの人からも「○○の資料は取ってきたの？」と注意をしてもらえて助かり、これらの人と自然にコミュニケーションを取ることにもなって、一石三鳥と言っていました。なるほど。

ここまでで、彼女がとても楽しく明るい人物であることがわかっていただけるでしょうか？彼女のそういう行動は、周りの人を笑顔にし、自然にサポートしやすい空気を作り出しているのです。彼女の周りは常に明るい空気が満ちているような気がします。

それから、友達からプレゼントをもらう際には、アクセサリーや時計よりも、紛失しにくいもの＝バッグや靴や洋服にしてもらうよう上手に伝えているとか。もしも忘れっぽいお友達に何かプレゼントする際にはご参考に。なお、忘れっぽい男性へのプレゼントには「ベルト」がいいそうですよ。たしかになくしにくいですね。

そして本人が最も強調していたのは「自分が忘れやすいことを周りの人に伝えて、人の助けを借りること。これが最も重要」と言っていました。

不得意分野をカミングアウトし、周りと協力し合う道を最初から選ぶことで、迷惑をかける頻度を減らすのだそうです。

何より、彼女は人とのコミュニケーション能力が非常に高いと感じます。それは、彼女が忘れっぽいことを克服するためにとった工夫の一環として身に付けた能力なのでしょう。

さらに彼女は、仕事を進めるうえで、自分独自のマニュアルをよく作成するそうです。忘れないようにするために、そうしているわけです。すると、そのマニュアルが、そのまま新人の教育に活用できるものになるそうです。忘れっぽい人が忘れないように作り込んだ内容なので、効率よくポイントを押さえたマニュアルになるのでしょう。そのため、彼女は仕事上でも新人教育を得意としています。自分の体験をもって説明できるため、新人にとってわかりやすいのだと思います。

そして、彼女が新人に最初に教えることは「人間は必ずミスをするということを前提に、最初から対策を立てなさい」ということだそうです。そうすることで、確実にミスを減らす効果があるとのこと。自分の経験なのですから非常に説得力がありますよね。

ところで、私自身も実は忘れっぽいタイプです。ですから彼女の気持ちはよくわかります。そんな私もいろいろな工夫をしております。たとえばスケジュールはパソコンとスマートフォンのカレンダーを同期し、前日には翌日の予定内容がスマホにリマインダー表示され、毎朝今日の予定内容の自動メールが来て、予定の三時間前にもリマインダー通知が表示されと、しつこいぐらいの対策を取っています。

またデータや資料の保存やファイリングはしっかり徹底して分類するようにしています。面倒な作業ですが、きっちりやっておくほうが後々助かるので結果的に効率が上がります。これも忘れっぽいからこそ身に付いたものかもしれません。

という具合に、彼女も私もですが、もともと忘れっぽい人は常日頃から対策を取っているのでその作業に慣れています。

しかし、若いころには忘れなかった皆さんでも、中年以降になると例外なく忘れっぽい人になっていくのです。若いころには苦労しなくても忘れなかったので、中高年になってからの急な変化に、どう対策すべきかわからずに動揺されたり、ショックを受けて自信を失っている人も時々お見受けします。

ですから対策はお早めに。もともと忘れっぽかった人が長きにわたって苦労して身に付けた、彼女の対策や行動をぜひ参考にしてください。

また、社内に忘れっぽい人がいるようでしたら、その人を中心に仕事や育成のマニュアルを作るのもよいと思います。不得意分野を自覚している人は、それを財産とすることの可能性を秘めていることも参考にしてください。

◆七　マメな努力を惜しまず◆

生保営業で成功する人の要因にはいろいろな要素がありますが、〝性質的にマメな人〟というのも、その一つだと思います。

生命保険の営業というのは地味な努力や活動をコツコツと積み重ねていく仕事です。売れている営業パーソンは、顧客への小さな心遣いを惜しまず、手間隙をかけてもサービスやマメな活動に余念がないものです。

しかし、実は正直なところ私はかなりズボラな人間で、面倒くさいことはあまり好きじゃないというタイプです。ですから、もともとマメな性質の人というのが非常に羨ましいと常々思います。

また、私のようなズボラな性質の人間にとっては、そもそも〝マメな努力をしなければならない〟ということに気が付くこと自体に非常に時間がかかりました。

しかし、そのことに気が付いたことがその後の自分を変える大きな一歩になったように思います。

それまでの私は、自分は十分に努力をしているはずだ、という思い込みがありました。それがまったく甘い認識であったと自覚するきっかけとなったのは、ある先輩の姿でした。

その先輩は、訪問するお客さまに向けて、メッセージカードなどを手作りで作る、ということをよくやっていましたが、一枚一枚を手書きで書いて、そして挿絵まで描き色鉛筆で色まで塗るという、大変な懲りようでした。しかもそれを非常に楽しそうにやっておりました。

似たようなメッセージ用のメモを作ることは自分もしていましたが、それは顧客に一歩でも近づき、信頼関係を作るための努力の一環だったわけです。しかし一枚一枚を手書きにしたり、さらには何も色まで塗らなくても、それでは時間がかかって非効率ではないかと、私だったらそう考えるでしょう。

しかしこの先輩は、顧客の信頼を勝ち得るための手段というよりは、単にそういう細かいことが好きだからやっているだけ、というように見えました。そういう「マメなことをまったく苦もなく楽しそうにやっている」その姿に、私はある種のショックを感じました。

「――これは自分にはとても真似できない。自分がどのように頑張ろうとも、もともとマメな人にはかなわない」と、痛感したのです。

しかし、そこに気が付いて自覚を持ってからというもの、では自分はどのような工夫をすべきだろうか、ということを考えるようになりました。本来の自分の性質を変えるのは難しいけれど、工夫をしてそこに近づくことはできるのではないかという、これは新人時代の私の定番の発想でもありました。

その一つとして、営業活動をする際に〝今日はこういうお客さまを一斉に訪問する日〟などと自分で決めて、同じ系統の顧客を続けて訪問する活動を、月に数回行うようにしました。たとえば、幼稚園のお子さんを持つご家庭を回る日、とか、六〇歳以上の既契約の方を訪問する日、というような具合です。

すると、そのために用意する資料やメッセージなどは、基本的にどの顧客にも同じものを準備すればよいので、より万全で細かい資料を用意する時間を作りやすくなりました。

それだけでなく実際に営業に回ると、顧客先での話題が共通することから、ある顧客先で興味を引いた話題をすぐ次に訪問する顧客先でも活用できる、というような中身の濃い仕事ができるようになりました。

これは今でいうところのデータベースマーケティングということでしょうけれど、当時はそのような言葉はなく、自分の中では、より効率的に細かい仕事をしやすいような工夫として始めたことでしたが、これが思いのほか効果がありました。

しかし、単に効率を上げるだけでは追いつかないこともあります。やはりマメな人に習って最低限の努力はしなければなりません。そこでいろいろなことを試しましたが、どれも継続するのが難しく、やはり苦痛を感じることは続かないものだなぁと実感することになりました。

その中で唯一続いているのが、毎年お客さまにカレンダーと年賀状を出すことで、そのぐらいは当たり前なのでしょうけれど、ズボラな私にとってはこれも努力が必要でした。ただ、カレンダーと年賀状というのは発送の時期が一緒ですから、ラベルの打ち出しなどの作業がいっぺんにできるので、ある意味で効率的です。しかも確実に時期がずれて到着しますから、お客さまにしてみれば、この前カレンダーを送ってくれて、そしてまた年賀状もくれた、ということで「いつもありがとう」とお礼を言われたりして、一回で二度おいしいような気分になり、努力のしがいがあって、だから続くのでしょう。これも工夫の一つだと思います。

という具合に、自分にも可能な努力の継続を見つけることと、さまざまな工夫によって、お客さまにとって「自分のことを気にかけて、きちんとフォローをしてくれている人」ということをより有効にアピールすることが可能となることを、私自身も学んできました。

マメな人がなぜ営業で成功できるのかという理由は、お客さまにとって「自分は大切にされている」ということが伝わってくるからであり、そしてお客さまはそういう人に保険加入する、という、その基本を忘れないことがこの仕事で成功する重要な要素の一つであると、つくづく思います。

◆八 「やればできる」の根性論はよくないの？◆

一昔前に「やればできる」といった言葉が盛んに使われた時期があります。いわゆる根性論というものです。

根性論とは、苦難に屈しない精神＝根性があれば、どんな問題でも解決できる、またはどんな目標にも到達できるとする精神論のことです。

スポーツ選手をはじめ営業やビジネスの世界でも、根性論がベースとなって語られることが多い時代がありました。

しかし時が過ぎて今、根性論は否定される傾向が強まり、根性の押し付けは時代錯誤だという人や、根性論はカッコ悪いと抵抗感を持つ人も少なくないと思います。

でも、それで本当にいいのか？　というのが今回のお話です。

最初に少し違う視点のお話をしましょう。

個人的な話で恐縮ですが、私には二〇代の社会人の娘が二人います。彼女たちはたびたび親の私に対し、感謝や尊敬の思いを言葉にしてくれます。

これは私の育て方が良かったから？　というと、実はそういうことではありません。今二〇代ぐらいの若者には、親に反発したり、親を否定するほうがカッコ悪いという価値観があるのです。つまり、親に優しくするのはこの世代の流行という側面があります。親としては、大変ありがたい流行です。

それに対して、今五〇代の私が若者のころは、自分の親に感謝の言葉を伝えることは気恥ずかしく抵抗がありました。当時は「親の言いなりにならない」という考え方の若者が多かった気がします。それは当時の若者の流行という部分があったのでしょう。

そんな親不孝な若者時代を過ごした私が、自分が親になったら子ども世代の流行のおかげで感謝されているのですから、自分の親には何とも申しわけなく、なぜもっと感謝の言葉を伝えなかったのかと反省しきり。というわけで、高齢の両親に、今頃になって感謝の言葉を伝えまくっている次第です。

要するに、人の価値観は時代とともに変化するということです。特に若者の価値観は、その上の世代の逆を行くことが多いと思ったほうがいいのかもしれません。

今、良いと言われていることでも世代が変われば否定されたり、さらにまた世代が変われば元に戻って肯定されることもあるわけです。

ですから、「根性論は良いのか悪いのか」に対する答えは、「時代によって変わるだろう」というのが私の考えです。

「やればできる」の根性論は、今は流行ではないかもしれないけれど、そういう今の世代を否定したいさらに次の若者世代では、流行る可能性があるかもしれない。つまり、答えはないということになります。

ただし、客観的な事実が一つあります。

それは根性の有無とは別に、頑張ってやってみる気持ちがある人のほうが、やらない人よりも成功に近づく可能性が高いという事実です。また、「精神力を養うための頑張りや努力には意味がある」とも言えるでしょう。

ビジネス全体としてもそうですが、特に営業においては、思うように結果が出なくて悩んだり、あるいはお客さまを怒らせてしまって悲しくなったり、失意の気持ちに陥る瞬間は、誰もが通る道です。そこを乗り越えていくことが必ず必要ですから、タフな精神力がある人のほうが、ビジネスや営業で成功するには圧倒的に有利です。

そのための方法の一つとして、やればできると励まされて頑張れる人には、どんどん根性論で励ますべきではないでしょうか。

しかし人によってはストレスのほうが上回って、まったく精神力が養えないどころか、やる気を失って逆効果となってしまう場合もあります。特に今の若い世代は、押し付けに対して抵抗感が強いという特徴があります。

では、そういう人たちにはどのように励ませば効果的なのか？

いろいろな方法はありますが、その一つとして、「なぜ、やればできるのか？」を理論的に説明することがポイントではないかと思います。

実際の営業現場では、理屈では片付かないことや、理屈よりも先に一件でも多く顧客と顔を合わせるほうがよほど学ぶことが多いのが現実ですが、それでも理論的に説明をしなければなりません。それが、根性論が通じない人や世代への教育や指導のコツではないかと思います。

理論的に説明するには、数値やデータを基に客観的事実を伝えるようにすると効果的です。たとえばマーケティング理論などの数値を用いたり、ほかにもインターネットのキーワード検索で「目標達成」、「法則」と入れて検索するだけでも「ＳＭＡＲＴ理論」、「ＷＯＯＰの法則」、「習慣化の法則」など、さまざまな成功のための理論が出てきますので、それらを使って伝えるのでもいいと思います。そしてもう一つ大切なのは、伝える本人の体験談を交えるとさらに効果的ということです。「自分も最初はうまくいかなかったけれど、こうしたら克服できた」というような経験談をプラスすることで現実感が増すからです。

若いころに根性論で鍛えられた世代にとって、こうした考え方はまどろっこしく遠回りに思え、甘いと感じる人もいるかもしれませんが、「厳しくして、結局は誰も育たなかった」というほうが問題ですから、世代の感性の違いは受け入れるべきでしょう。そして、また時代が変わったら新たな方法を再度考える、それが現実的だと思います。

今の時代は「やればできる」と言うよりも、「やり方次第で案外できる」と言うほうが合っているのかもしれませんね。

◆九　鈍感力VS敏感力◆

少し前に「鈍感力」という言葉が流行りました。ささいなことでは揺るがないような〝鈍さ〟

こそが生きていくうえで大切な才能である、というものだそうです。これに対して、繊細な感性や人の気持ちを先読みして思いやるような鈍感力とは反対の感性のことを、たとえば「敏感力」と表現してみます。

以前に知人と、営業という仕事において、鈍感力と敏感力のどちらが有利であるか、ということで議論をしたことがあります。そのとき私は〝敏感力派〟の意見を述べました。その理由は、営業においては顧客ニーズを先読みしたり、ちょっとした会話の中から顧客の心理をキャッチするような感性が必要であり、そういう繊細な感性こそが営業で成功するために必要だから、というものです。顧客の心に寄り添い、共感し理解する。それがお客さまにとって望ましいと感じる営業パーソンの姿であると思っています。だから、敏感力のほうが営業上では有利というわけです。

しかし知人の意見は、営業という仕事は楽しいことだけではなく地道に努力を積み重ねる作業がベースにあり、ささいなことに一喜一憂してしまうタイプの人には、こうした地道で先の見え難い仕事は辛くなっていく。だから、少々のことは気にせず生きていける鈍感力こそが、営業という仕事で活躍するには必要な才能だ、ということを述べていました。

たしかにそのとおりの部分もあります。鈍感力の書籍にもそういうことが書かれていますので、そのとおりかもしれません。皆さんはどのように思いますか？　今回は鈍感力と敏感力についてもう少し掘り下げてみます。

実際に、私の知っている成績優秀な営業パーソンを思い浮かべると、たしかに「鈍感力」の才能を持っている人が多いような気もします。ささいなことで悩むようなことはせず、多少のことでは動じないマイペースな人、そういうタイプが優秀な営業パーソンには多い、ということはこれまでもこの連載コラムでたびたび述べてきました。

そして私はと言えば、ささいなことに動揺しがちな小心者でした。ですから、マイペースに生きる人たちにどこか抵抗感があり、敏感力賛成派を唱えたかった面もあるのかもしれません。

それでも、鈍感な人の欠点を挙げてみると、周りの状況を把握できない、人の心を思いやれない、顧客の不安を自分のことのように共感して感じることができない……と考えると、それで営業という仕事がふさわしいのかという疑問はやはり感じます。そのことを知人に話したところ、その人は笑いながら「あなたも、ある面では鈍感派である」と言い、私は軽くショックを受けました。

あらためて考えてみると思い当たる節は多々ありました。特に先輩や上司を質問攻めにしたり、自分の無知を顧みない点や、そのほか過去の若気の至りなど思い出すだけでも恥ずかしくなるので具体例は割愛しますが、たしかに鈍感な一面が私にはありました。

以前、「スポーツ選手などアスリートは、負けるかもしれないという不安に打ち勝つために練習や鍛錬を繰り返す。それはその不安に対して鈍感になることでもあり、つまり練習は鈍感になるためにすること」という話を聞いたことがあります。私たちも営業の技術を磨くため、ロープレをしたり勉強したりするのは、本番の営業場面で緊張せずに、堂々とセールストークを使いこなせるようにするためで、これも鈍感になるための訓練ということになります。

最初は精神的にひ弱で敏感だった私も、この業界に長くいて鍛えられるうちに強くなったことを思うと、「強くなること＝鈍感になること」とも言えるのでしょう。

このように、営業パーソンとしてやっていくためには「鈍感力を鍛える」という発想が必要なのも現実と認めざるを得ないようです。それでも、営業場面においてはやっぱり敏感力のほうが力を発揮する、これも事実だと思うわけです。

知人とはかんかんがくがくの議論となりましたが、最終的には引き分けでお互いに納得することにしました。鈍感力には特に営業の仕事を継続させるという点で力があり、敏感力は営業の現場において強い力を発揮する、どちらにも強みがあるからという結論です。

しかしそれは言い換えると、どちらにも足りないものがある、ということです。営業で成功するには、それぞれに足りないものをうまく補うような工夫をすること、これが重要な鍵となるのではないでしょうか。

私のように敏感力賛成派のタイプの人には、継続力の弱さをカバーするものとして、たとえば心の支えとなる仲間や家族、励みとなるようなライバルの存在など、くじけそうになる気持ちを何度も立ち直らせるようなものがあると足りない点をカバーできると思います。私自身のことを考えると、叱咤激励してくださる先輩や上司やお客さまに非常に恵まれていたと思います。また収入アップや出世といったものも、励みの材料になるでしょう。そして鈍感力派の人は、営業現場での不利をカバーするためのものとしてたとえばフットワークの良さや、真面目で謙虚な姿勢、明るく愛されるキャラクターの確立などがより大きなプラス材料になるということを思います。

ご自身に、また部下の方などに置き換えて考え、それぞれが今以上に力を発揮するためのヒントにしていただければと思います。

◆一〇　切り替えスイッチ◆

生命保険の営業は、人生の中で出会う人全員が見込み客となり得るような仕事です。仕事を通じて出会う人だけでなく、ご近所付き合い、同窓生、同じ趣味の仲間、親族、家族を通じて知り合った方々など、プライベートで知り合った人でも、いつ顧客となるかわからない、そういう可能性を持っています。

そうなると、誰かと会っているときは常に仕事に結び付く可能性を考えることになり、仕事とプライベートの境目があいまいになりがちです。常に仕事を意識するということは緊張感を伴いますので、それがストレスになる場合もあると思います。

今回は、私たち生命保険の営業パーソンが常に抱えている問題の一つとして、仕事とプライベートの使い分けや、ストレスをためずに仕事をスムーズに行えるコツなどについて考えてみたいと思います。

初めに、私が先輩からアドバイスを受けてなるほどと思った方法を紹介すると、それは「常に裏表なく生きる」ということです。仕事でもプライベートでもそれほど変わらないような生き方をすることで、常に自然な自分でいられることになります。

私自身もそういうことを早い段階で意識するようになり、そのおかげで性格的に明るくなったり、友達も増えて日々充実するようになり、良いことずくめでした。この仕事をしたおかげで人生そのものが良いほうに変わったと思っています。

しかしそれだけでは、常にどこかで仕事を意識して生きるということにもなってしまうので、どこかで限界を感じるようになりました。

それを解決する方法として、私の体験をお伝えします。

私はこの仕事のおかげで明るく前向き、元気で社交的になっていきましたが、しかし一方で、時には「一人で過ごす」という時間を好む一面がありました。自分にそういう性質があることに気付いたのも、この仕事をしてからでした。

ですから新人や中堅のころから、たとえば営業パーソンが多数集うようなたまり場の喫茶店などにはほとんど顔を出さず、その代わりに誰も知らない自分が一人になれるような場所をいくつか持つようになりました。そこに行けば、無理して笑顔を作る必要もなく、緊張感も抜けて何も考えない時間を過ごし、それが自分にとって心の憩いの場になっていました。

自分にそのような一面があることが、裏表なく生きるということとは相反するため、初めは複雑な心境でしたが、いろいろ考えた末、明るく元気で社交的な自分も、時には一人になりたい自分も、両方ともに嘘偽りのない自分自身の姿であり、裏表ということではなく「自分は複数の本質を持っている」ということだと自分の中で納得をしました。

また、先輩の中に「実は、時々公園で、一人でブランコに乗るのが好き」という人や、「休日に一人でカラオケに行くのが趣味」という人がいて、優秀な先輩たちも複数の面を持っていることや、一人になる時間を大切にしているのは自分だけでないことを知りました。

そしてもう一つ気が付いたことがあります。それは自分が複数の本質を持っていたことで、必要に応じて自分を切り替える訓練を、無意識のうちにしていたということでした。気が付くと私は切り替えが非常に早くなり、スイッチを押せば一瞬で替わるような「切り替えスイッチ」のような能力を身に付けることになりました。また、先に紹介した先輩たちにも同様の能力があることにも気が付きました。

こうした切り替えを素早く行える能力を持つことは、長く仕事を続けていくうえでも重要なポイントとなります。たとえば、仕事で失敗したり落ち込むようなことがあったとしても自力で消化して立ち直ることができたり、高いモチベーションを維持し続けることも上手にできるようになります。

また特に営業現場において、複数のお客さまに次々に提案やクロージングをすることがよりスムーズに早く行えるようになります。人より抜きん出て高い成績を挙げるには、こうした能力は不可欠ですから、「切り替えスイッチ」は営業力アップに重要な役目を果たすということです。

そして私が何より実感したことは、仕事抜きの場で出会った人から突然「保険について相談したい」と言われたとしても、そのときには一瞬で仕事モードのスイッチが入って自分が切り替われる、という自信がついたことによって、仕事抜きの時間をより安心してリラックスして過ごせるようになったことです。

ストレスを少なく、仕事もプライベートも充実して生きるためには「切り替えスイッチ」を持つことが重要な鍵というわけです。

ところで、私は家に帰ると今度は母親の顔になり、それは仕事モードのときや一人になりたいときの自分とも違う、また別の私の本質の姿です。実は母親でいる時間のほうが仕事よりも緊張感を持っています。特に子どもの思春期や受験期は最も忍耐力や精神力を要しました。その時期は、むしろ仕事モードでいるほうがよほど気楽でした。しかしこうした母親としての重責も、切り替えスイッチのおかげで自分を冷静に保つことにつながり、乗り切ることができたと思います。

裏表のない発想で生きるということと、複数の資質を持ち、それを切り替える訓練を通じて「切り替えスイッチ」の能力を身に付けることは、さまざまな場面で役立つことになります。仕事を、今まで以上により楽しく充実させることにもなるでしょう。また、一人の時間を持つということも、楽しんでいただければと思います。

◆一一　愛される営業◆

生命保険の営業をしていく中で、どんな営業パーソンになりたいのか。「自分のキャラクターを確立して方向性を明確にしていく」ことは、とても重要なテーマだと思います。

そして、自分のキャラクターを作っていくうえで、実は、「自分の思う自分の印象と、相手が感じる印象とが、できるだけ一致していることが最も大切」です。その理由は、そこが不一致であると、相手に不自然さや歯がゆさを感じさせることになり、自分の印象を落としてしまうからです。

たとえば、顧客から「大ざっぱ」という印象を持たれている人が、「真面目で実直」というキャラクターを作ろうとすると、欠点が際立ってしまいます。むしろ自分は大ざっぱだと自覚している人のほうが、それを克服しようと努力したり、欠点をカバーするための工夫を顧客に見せることになるため、それが親近感や好印象につながるのです。

自分の不得意分野や欠点を隠すことよりも、それをうまく個性に変えてしまうほうが得策ということです。そのために、まずは自分の短所や苦手なことにきちんと向き合い、受け入れることが必要です。

私も新人時代には、自分の欠点が恥ずかしくて認めたくないと思っていましたが、一度殻を破ってから実感したのは、「欠点や短所のない人間など一人もいない」という、ごく当たり前のことでした。また、自分の欠点こそがアピールポイントになり得ると知ったことで、強くなることができ、自分を好きになることができました。

このように、キャラクターの確立には欠点や個性を生かすことが鍵となりますが、実はもう一つ、顧客に「愛される営業」を作っていくことにも重要なポイントがあります。

新人時代、周りの優秀な先輩たちをよく観察すると個性がそれぞれ異なっていました。たとえば性格が正反対の先輩二人。一人は控え目で真面目なタイプ、もう一人は社交的で華やかなイメージでしたが、二人とも多くの顧客から慕われていたのです。最初のうちは、二人は個性がまったく異なるのに、同様に顧客に慕われていることが実に不思議でした。しかし時間が経つにつれて、先輩はそれぞれに自分の個性をうまく生かして欠点を独特の個性に変えていて、それが魅力になって顧客に愛されていることがわかってきました。あんな風に、自分もたくさんの人に愛される人になるにはどうしたらよいのかと、自分なりに試行錯誤した思い出があります。

私は、あの先輩たち以上に個性が強い人間でした。好いてくれる人もいる反面、避けたがる人もいるという状況。万人に愛されるようになるのは非常に難しく、長い間、明確な答えが見えず、個性が強過ぎる自分への迷いが続きました。

しかし、ある女性との出会いがきっかけとなって迷いから抜け出すことになりました。最初に彼女に出会ったのは二〇〇〇年ごろだったと思います。当時私は独立起業したばかりの時期で、彼女も同様に、女性起業家として駆け出しの時期でした。

その時期に、複数名で打合せをする機会があり、その場に早めに到着した私と彼女は、初対面ではあるものの雑談に興じました。世代も近く、駆け出しの女性起業家という共通項もあってすぐに打ち解けました。彼女は、等身大で、飾ることのないとても素直な方だったので、心からの親しみを感じました。

それから数年が過ぎて、彼女は、営業ノウハウの講師として大変有名な人になりました。その人とは、和田裕美（わだひろみ）さんです。彼女は多くの書籍や、営業マン向けの手帳を出すなど著名な人物です。彼女の講演に一般参加者として何度か足を運んでみました。全国で開催されている講演には、遠方から参観するようなコアなファンも多く、常に五〇〇～六〇〇人余りの人で満席でした。彼女の話は営業ノウハウ、営業マン教育、人とのコミュニケーション術といったものですが、具体的な内容は彼女の講演会に行っていただくなり、著書を読んでいただくなりすると参考になると思います。

ただ、私が一番感銘を受けたのは、彼女の話には最初から最後まで、上から目線的な押し付けをみじんも感じなかったことでした。多数の人から尊敬や憧れの思いを受けて壇上に立ち、スポットライトを浴びていながら、しかし、以前に彼女と喫茶店で話したあのときのまま、素直で等身大の彼女がそこにいるのです。

多くの人をとりこにするだけあって、彼女の講演は大変素晴らしいものでした。彼女は小柄で、どちらかというと可愛い印象の女性ですが、壇上では最初からテンション高く、全力を込めた身振り手振りで、第四部までの講演を一人でやりきっていました。笑いも涙も感動もあり。爽やかな思いで心が満たされ、元気をもらえる講演でした。

四部構成の講演を、たった一人で情熱を込めて語り続けた彼女を見たことが、「あれだけの思いを込めて、自分は営業をしてきただろうか」と自分を振り返るきっかけとなりました。彼女が営業のプロたる理由はそこにあるのだと感じました。彼女は顧客に愛される営業パーソンの姿そのものだったからです。

顧客から愛されるための基本は、真摯（しんし）な姿、そして熱意と情熱にあるように思います。その基本を忠実に守り、飽くなき努力と精進を続けることは簡単ではありません。しかしその基本を絶対にはずさないことこそ、営業の王道ではないでしょうか。

◆一二　人より一歩前を走ることへの覚悟◆

先日ある経営者さんから保険を契約したいとのありがたい依頼を受けました。彼は私と同世代の人で、もう二十数年来の顧客でもあります。

当時、私は大手生保会社の営業職員で、彼は私が担当していた地域内の、ある中小企業に勤務している社員の一人でした。

飛び込み営業から始まった人間関係が二十数年続いて、その間お互いに、所属や立場が変わり、気が付くと本当に長い付き合いになりました。営業担当と顧客という関係ではありますが、付かず離れずでもこれだけ長い付き合いになると、互いの性格や人柄がすっかりわかりきっているので、ある意味では親友のような存在かもしれません。

一九九八年ごろ、私は営業職と兼務で後輩や新人の育成を担当する立場となりました。一職員から「所長」という肩書で呼ばれるようになった時期でした。そしてほぼ同じ時期に、彼も店舗の一つを任される立場に昇格して「取締役」という肩書が付きました。そのとき私は、それまで仲の良かった職場の同世代の同僚や仲間たちから疎外されるというような悩みを抱えていました。理由は私一人が、昇格したことにあったと思います。その悩みを彼に話すと「自分も同じ。取締役になってから同僚たちとは友達ではいられなくなった。でも立場や責任が違えば当然そうなる、仕方ないことだと思っている」とも言っていました。

そのころの私は会社組織というものをまだよくわかっていなかったと思います。そんな未熟なまま、周りに乗せられて素直に単純に、一生懸命に仕事を頑張って成績を伸ばして、そして認められて出世をしたらイキナリ孤独になってしまい、〝そんなの聞いてないよ〜！〟という心境でした。

すると彼は「自分もこういう立場になってみてあらためて実感したが、責任と孤独は、対（つい）のようなものかもしれない」と言っていました。そのとき私は初めて、責任と孤独が表裏一体にあることを知りました。そのときのことは今でも非常に思い出深いものがあります。

周りから抜きん出て一歩前を行くということ、それは孤独と向き合うことでもあります。また今よりももっと高い所を目指したいなら、それはイコール責任の重さも同時についてくることを忘れてはいけないのです。ぶつかる問題や課題に対して一人でも立ち向かう強さや、さまざまな物事を逃げずに受け止めるだけの度量や覚悟がなければ、一時は人の上に立てたとしても、維持やさらなる発展は困難です。

当時の私はまだそのような器がなく、肩書を持つには時期尚早だったのでしょう。しかし、その経験がなければ、そのことを知らないままに終わっていたので、自分にとっては必要なことだったと思います。

それから数年後、私は保険代理店として独立起業しましたが、そのときに、経営者になるということはもっと孤独と向き合わなければいけないのだ、という覚悟をもって臨むことになりました。

当時はＩＴベンチャーがもてはやされ、女性起業家が世間の注目を浴びるなど、起業する人が多数いた時代でしたが、その中で今でも生き残って成功している人たちは、こうした強さや覚悟を持っていた方々であると思います。

ちなみに今の私は、何とか細々と生き残っている状態ではありますが、それでもあのとき、彼に責任と孤独への覚悟を気付かせてもらったことで、弱小ながらも会社を維持していく原動力になったと感じています。

そして数年前、こんどはその彼が、古巣の職場から独立して自社を設立したのです。初年度の決算期を前に順調に利益を出し、税理士から生命保険の加入を勧められ、電話をくれたとのことでした。大変にありがたく、でもそれ以上に、懐かしき友からお呼びが掛かったことがとてもうれしかったのです。

会社の未来は、責任者である社長が、いざというときに、誰のせいにもすることなく自分の責任において物事を判断し行動できるかどうかで道が分かれます。

あのとき、それを私に教えてくれた彼が今、多数のスタッフを抱えて真新しい店舗で再スタートし成功の道を歩いていることが、自分のことのように誇らしい気持ちになりました。

おめでとう！　そしてありがとう。

◆一三　売れる人の資質とは？◆

先日、営業職員の方など四人にインタビューする機会がありました。三人は大手生保の現役営業職員の方、一人は元営業職員で現在は代理店として独立している方で、四人の方は皆さん、とても優秀な方々です。

お話をうかがってみて感じたことは、きちんと結果を出している人というのは、保険会社やチャネルの垣根を越えて、皆さんに共通した何かがある、ということでした。

そこで今回は、「売れる人の資質」とは何なのかということを、四人にお話をうかがって感じたことを含めて、お伝えしたいと思います。

まず一つ目です。四人の方に共通していたことで一番感心したこと、それは「売れる人は自分の利益に関係なく顧客にとって良い商品を売る」ということです。

成績優秀で高給を得ている皆さんですが、たとえば保険料の安い商品や、手数料の少ない商品でも、顧客にとってメリットのあるものなら積極的に販売をしているのです。これは本当に感心させられました。

特に今、一部の大手生保会社では第三分野商品や学資保険など、これまで手薄であった商品の開発が進んでいます。しかし一方で手数料への反映はごくわずかです。歩合給で仕事をする営業パーソンの方にとって、これは悩みどころではないでしょうか。一生懸命に販売しても給料への反映が少ないのなら、その商品はあまり売りたくない、ほかの商品を売ったほうがいい、と考えてしまうのも無理のない話です。

しかし、そのような一見、非効率と思える商品を、実は、優秀な人ほど積極的に販売しているわけです。つまり売れる人ほど「顧客の利益を優先している」ということを、お話をうかがっていて実感しました。

またこの四人の方は、売上や給与が高いだけでなく、継続率に関しても好成績を出していることもわかりました。だからこそ高い成績を長い間維持できているのでしょう。

四人の方の「顧客の信頼を裏切らない」という一貫した姿勢に、感銘すると同時に、身が引き締まる心境になりました。今、給料への反映が少ない商品は売りたくない……と内心思っている方は、ぜひ考えをあらためてください。

さて次の共通点、それは「売れる人は勉強熱心」ということです。皆さん研修やセミナーに積極的に参加したり、新しい知識を得ることに常に貪欲でした。売れている人ほど営業で忙しいはずですが、でも、勉強の機会を作ることにちゅうちょはないそうです。

インタビューの中で「会社が強制する勉強会などを無駄と感じることはありませんか」と、少々ひねくれた質問をしてみましたが、「勉強に無駄はない」と即答が返ってきたり「むしろもっと研修を増やしてほしい」との意見もあり、売れてる人は素晴らしいなとすがすがしい気持ちになりました。

保険業界には勉強熱心な人が多い、ということは私自身も常々感じてきたことです。勉強熱心な人が生き残れる、ということでもあるのでしょう。これは保険業界人にとって誇りにすべきことではないかと思います。

さて、三つ目の共通点、それは皆さんが「時間の使い方が上手で、行動が速い」という点です。

まず最初に感じたのは、皆さんお忙しい方々なのにインタビューにも非常に協力的でさっさと予定に入れてくださり、とても親切でした。

インタビューを受けるという一見生産性のないことでも、面倒くさいとか疲れてるとか、そんな雰囲気はみじんもなく、逆に何かを得ようとする意欲すら感じさせられました。

売れている人は、人の二倍のスピードで動く、ということがよく言われますが、私自身も、新人から中堅にさしかかる時期に、それまでの倍のスピードでスケジュールをこなすようになった経験があります。たとえば、一日に二件アポを取り、一件保全をして数件飛び込みをしたら、ああ今日も仕事したなぁ、と思っていたものが、短期間でその倍のスケジュールをこなせるようになったのです。できるはずがないと思っていたハードなスケジュールを、それをこなすにはどうしたらいいか、という発想に変えただけで激変をした、という実感がありました。

営業するうえで、行動が速い、決断が速い、というのはとても重要な要素だと感じます。一日二四時間、誰もが同じ時間を生きていますが、売れている人は、同じ一日を倍のスピードで生きているのです。

インタビューした皆さんも、営業して、勉強もして、新人の教育指導もして、お客さまとゴルフに行き、家族と旅行にも行く、そんな日々を楽しそうにこなしていました。

前述した、顧客にメリットのある商品を売ることに徹していることも、勉強熱心なことも、時間の使い方が上手であることの結果と言えそうです。

いかがでしょうか。

売れる人の三つの共通点を紹介しましたが、当たり前のようでいて、実際に実行に移すには難しいことかもしれません。

でも、やってみようと決意することがスタートになるのです。今日からの行動を、ぜひあらためてみませんか？

◆一四　仕事が自然に回るラインとは？――連載一〇年目によせて◆

（二〇一七年一二月一三日掲載）

この連載をスタートしたのは、今から一〇年ほど前。そしていつの間にか二〇〇回を超えました。いつもお読みいただいている皆さまに、感謝を申し上げるとともに、今後もできる限り継続できればと思っています。

今回は、〝一〇年〟という期間について考えてみたいと思います。

営業という仕事において、一〇年間継続することは、かなり高いハードルではないかと思います。自分が新人のころ、「一〇年先」は、はるか遠くに思えたものです。それでも、新人のころは夢や希望に満ちていたこともあり、前向きに将来を捉えていました。

しかし二年を過ぎるころから、自分は一〇年先も続けられるのだろうかという不安や、一〇年先がまったく想像できない迷いが常に付いて回りました。それを振り切るために、勉強したり、自分の成長のための努力をしたり、とにかく必死で全力投球していた——という思い出がありま す。

そうやって一生懸命頑張っているうちに、実際に一〇年を超えてみると、一〇年間は案外あっという間でした。そして一〇年を超えると、自分は続けられるのかという不安はなくなり、何とかなるだろうという肯定的思考へと変わりました。

さらには、自然に仕事が回り出した実感がありました。実績が増え、顧客数が増えることで、黙っていても紹介や依頼が来るという状況を感じるようになったのです。

成績優秀な営業パーソンの中にも、一定数以上の顧客のラインを超えることで、自然とスケジュールが埋まり、黙っていても仕事が回るようになったとおっしゃる方がいました。その人は二〇年超のベテランですが、毎年のようにトップクラスの結果を出し、表彰を受けています。

しかし、話をうかがってみると、本人はそこを狙っているという気持ちはまったく持っておらず、毎年一年が過ぎると自然とそういう結果になっている、ということを言っていました。

誰よりも忙しく、何事もスピーディーに、人の倍は働いている方です。それでも、研修や勉強会に積極的に参加したり、お休みには旅行に行ったり、趣味のゴルフも楽しまれていて、「仕事だけ」ということは決してないのです。

誰よりも実績が出せるのは、これまでの仕事の継続による信頼と実績、そして一定以上の顧客数ということが関係していると感じます。ある一定のラインを超えることで、自然と仕事が回り出す〝相乗効果〟へとつながるように思います。

こうした域に達するには、少なくとも「一〇年」という期間が必要で、よく「一〇年ひと昔」と言ったりしますが、一つの仕事を一〇年も継続すると、大概の場合には〝プロの域〟に達するのだろうと思います。ただし、一〇年をのんびりと過ごしてしまえば、一定のラインに到達することができず、先延ばしとなってしまうこともあるでしょう。

プロになるため、あるいはビジネスを成功させるために、何よりも大きな武器となるのは、中身の濃い一〇年以上という期間の「継続」と、その間の「実績」であると思います。これができて初めて、周りの人から「この人には安心して任せられる」という評価をされて「信頼」されるようになる、だから自然に仕事が回り出すわけです。

ところで先日、知人が始めたばかりの事業を辞めることになったと言っていました。そのときに、その人は「辞める」ということを軽く報告しただけで、その経緯や自身の思いなどについては多くを語りませんでした。

もちろん人に言えないこともあるでしょう。言いわけをしたくなかったのかもしれません。でもこういったことは、自分の未来のためにも非常に重要なことだと思います。

誰しも失敗はありますし、やむを得ない事情の場合もあるでしょう。しかし、応援してくれた人たちに経緯を報告したり、頭を下げて理解を得る努力をするなど、〝けじめ〟のようなものを付けることから目を背けていては、永遠に「信頼」は得られません。

仕事ができない人は、「継続」や「実績」、そして「信頼」の重さをわかっていない面があるように思います。その重さを実感し、大事にして初めて、黙っていても仕事が回り出すラインに到達できるのです。営業だけでなく、こういうことはすべての仕事において言えることだと思います。

さて、このコラムもありがたいことに一〇年続きましたが、一〇年前はここまで続くとは思ってもみませんでした。ご縁があって長く書くことができて、ありがたく、うれしい気持ちです。でも実は、最初のころは毎回頭を悩ませ、一本の原稿を書くのにもかなりの時間を要していました。また、気持ちがくじけそうな心境になった時期もあります。しかし近年は、毎回原稿を書くことが苦ではなくなり、あまり意識せずとも、パソコンに向かうと自然に原稿が書けるという感覚になっていきました。

やはり〝一〇年〟とは非常に重いものですね。そして、とてもありがたく、幸せな期間でもあったと思います。

第2章

営業テクニックのヒント

◆一　テレビショッピングと保険営業◆

今回は、人が物を買うときの心理について考えてみたいと思います。

先日、テレビを見ていたら、テレビショッピングで便利なキッチン用品の宣伝をしていました。そのとき、私は「これがあれば便利だろうな」という感想を持ちました。しかし「あれば便利」というだけの理由では、人は物を買う決断をしないものです。

保険に置き換えると「保険に入っておいたほうがいい」という理由だけでは、人は実際には保険に入らないということです。

そのまま何となくテレビを見ていると、実演映像が続きます。その商品は高機能なスライサーでした。野菜をさまざまな厚みにスライスできて、一ミリ以下の薄さから五ミリ幅まで調整可能。次々ときれいにスライスされる野菜の映像が流れて、料理好きの私は少し心が動きました。

保険営業に置き換えると「もしもの時に、このように便利」という説明をすることが、これに該当するでしょうか。

次に、このスライサーはワンタッチで千切りができるという機能が紹介されます。スライスだけでもこんなに便利なのに、さらにまだ機能があるということに感心します。保険営業では、「さらにこんないいことがある」という何かを伝えるという部分です。もし、入院したらいくら受け取れるのか、あるいは新商品が出て以前よりもこんなに良くなった、または今なら保険年齢が上がる前なので安く加入できるというように「複数の理由」があることが大切です。

テレビをここまで見て、私はテレビ通販のマーケティングにすっかりハマっている自分に気が付き苦笑してしまいます。しかし、戦略だとわかっても、一度動き出した心は簡単には止まらないのです。買いたいという欲望がだんだん大きくなっていきます。

テレビでは次に、人気の料理研究家がインタビューされて「私も愛用しています」と答えるシーンになりました。ああ大変です。私は、もう買わずにはいられないという心境へ動いていきました。あったら便利かもしれないという軽い気持ちから、買いたいという強い欲求に変化したわけです。

保険営業に置き換えると、実際に保険に入っていて助かった人の事例を見せたり伝えたりすることがこれに当たるかと思います。その人が、顧客の知っている人であれば、なおさら効果は高くなるでしょう。実は、物を買う決断をさせるためには、このようにたくさんの理由があればあるほど、人の心理を買う決断へと向かわせるのです。保険営業でも同様に、顧客に複数の理由を感じてもらうことが大切です。

さて、テレビではついに、「なんと、今なら一つの値段で二つ手に入るキャンペーン中！」と商品を二個並べた映像がドーンと表示されました。「出た～！」と思いながらも、私はもう一つを誰かにあげることを想像し始めました。二つも必要ないはずなのに不思議なものです。

ちなみに、テレビ通販の世界では、単体で販売するよりもこの「二つセット」のほうが、販売数が圧倒的に増えるそうです。または「今ならこんなオマケが付いてくる」という本来のものとはまるで無関係のものを付けることも、同様な効果があるそうです。

これは今までの、〝あるとこんなに便利〟という複数の理由に加えて、最後に、これまでとは違う局面からのアプローチを取ることにより、一気に買う決断をさせるという営業手法です。

保険を二本で一つの値段にすることはできませんが……（もしもそうできたらとても売れそうですが）、そうではなくて「最後に少し違う局面からのアプローチを仕掛ける」ということが重要です。それが一気にクロージングを成功させるコツだからです。最後に顧客の背中を押す、それは営業上必要となるテクニックです。これがうまくできないと、いいところまではいっても契約に至らないということになるわけです。「詰めが甘い」と表現されたりしますが、思い当たる方もいるのではないでしょうか。

ところで、テレビショッピングのこうした宣伝方法は、皆さん何度も目にしていると思いますし、もちろん私も知っています。一見しらじらしく見えるような方法でもあります。

しかし、それでも私の心が動いた理由は、最初に「あれば便利かもしれない」と軽く思ったことにあります。そう感じた私のような人にとっては、それがたとえ、よくある販売手法だとわかっていても、いつの間にか買う気満々にさせる、非常に効果の高い販売方法だということです。

つまり、最初に書いた「保険に入っておいたほうがいい」と思っている人と出会うことが、実は営業上一番大切なことです。それだけでは人は保険に入る決断はしませんが、しかし、そういう思いがまったくない人よりも格段に顧客になる可能性が高いからです。そういう人にたくさん出会うことこそ、営業で成功するための第一歩なのです。

ところで私は、寸前のところで横から娘に「お母さん、似たようなものを持っているよね？」と釘を刺されて思いとどまりました、でも実は、今でもほしいと思っています。人の購買心理とは面白いものですよね。

◆二　物言わぬ顧客「サイレントカスタマー」◆

営業の仕事をしていると、顧客からクレームを言われ、トラブルとなった経験は誰しもあるかもしれません。でも、「ある程度は仕方のないことだ」と片付けてしまっていいのでしょうか。

今回はお客さまのクレームの影に潜む、もっと大きな問題について考えてみたいと思います。最初に、お店や会社にクレームを入れる側の立場になって考えてみましょう。不満を言う人とは、不愉快な思いを抱えると同時に、相手に改善を期待してはいないでしょうか。もしも「言っても無駄だ」と思った場合は、ただ黙って「二度と買わない」と思うだけ。実際にはそういうケースのほうが多いかもしれません。

実は、大半のお客さまはこのように「物言わぬ顧客」なのです。

実際に苦情を口にするのは、不満を感じている顧客の一割にも満たない人たちです。大半の人は、不満があってもそれを伝えないまま、黙って立ち去り、二度と戻ってきません。これはマーケティング理論などでも言われていることで、「サイレントカスタマー」と呼んだりします。

なぜ多くの顧客がサイレントカスタマーとなるのでしょう。苦情や不満を感じる出来事というのは、相手に顧客を配慮する考えがないから起こるのであり、そういう配慮のない人に苦情を述べたところで理解されませんし、かえって自分がクレーマー扱いされるかもしれません。だから「言っても無駄」となるのです。

しかし大半のサイレントカスタマーは、お店や会社に直接文句を言わない分、その不満の思いを周囲の人に聞いてもらって解消する行動に出ます。不愉快な気持ちが強いほど、多くの人に話す傾向もあります。

こうした口コミは素早く伝染していき、「あのお店はサービスが良くないらしいから気を付けよう」となるわけです。特に地域の口コミ情報は、侮ってはいけません。

そのため、営業上、気を付けなければならないのは、苦情を口にするお客さまよりもむしろサイレントカスタマーのほうです。黙っているので不満が表に出ず問題に気が付きません。そして、加速度的に顧客が去るようになってようやく気が付いても、「時すでに遅し」となります。

私のビジネスでの出会いの中で、最初は応援してビジネスで取引をしたり、信頼関係を持ったものの、途中から「何かが違う」と感じて、黙って距離を取った、ということが何度かあります。実際、そういう企業やビジネスはどれも長続きしませんでした。同じ違和感を、私だけでなくかかわったほかの人たちもうすうす抱いていたからでしょう。

こうした感覚的なものは空気のように伝わります。たとえば「お客さまのために」と口では言っていても、「数字やお金のために」と内心思っている社員が多ければ、そういう企業の風土は顧客にも伝わるのです。その空気に顧客は非常に敏感です。

ところで、米国大統領選挙では大方の予想に反してトランプ政権が誕生しましたが、これについても「物言わぬ多数派＝サイレントマジョリティー」という言葉がよく使われています。従来の政治に不満だったサイレントマジョリティーが国民の半数以上もいたわけです。口に出さないことに人の本心があり、黙っている人が多数派を占めるということの典型的な例と感じます。

しかし、生保営業パーソンの場合は、ほかのサービス業に比べて利点もあります。顧客の多くは、その営業担当個人のファンや応援者であるケースが多いからです。

商品が良いだけなら誰から加入しても同じですが、契約に至ったのは、その営業担当に対する信用や応援の思いがあったからこそです。こうしたお客さまは、何かのきっかけで不満や不信を感じたとき、ファンだからこそ改善に期待を込めて苦情や不満を口にします。

特に初期にファンになってくれた人のことは大切にしなければなりません。自分が未熟だったころから応援してくれる大切な顧客であると同時に、厳しく苦言を呈してくれるのもこの人たちだからです。

なかには、業績が伸びて忙しくなると、苦情を言うような初期のファンを切り捨てる営業パーソンもいますが、これは大きな間違いです。初期からのファン以外はサイレントカスタマーの可能性が高いことを認識する必要があります。そして、苦情を言うお客さまには感謝して、真摯（しんし）に受け止めるべきです。本音を言ってくださるお客さまは貴重な存在だからです。

何となく初期からの顧客が離れていっているかもしれないと感じたら、ぜひ気を付けて、初心に立ち返ることが大切です。

◆三　経営者と共感し合える感覚を学ぶ◆

生命保険の営業を始めるには、まず商品知識から始まってさまざまな事前の勉強が必要です。新人にとっては、いきなり現場に出るのは不安が大き過ぎますから、そのために研修があるわけです。

しかし、何も知らないほうが余計な理屈に悩まされずに、体験から素直にものごとを学べる面もあるように私は思います。下手な知識や理屈が、現場での勘を鍛える妨げになる場合もあることや、現場で得た体験から肌で学ぶものこそ本物の実力を培う要素になるのではないかと思うからです。

今回は、私が新人のころに、知識ではなく現場体験で学ぶことになったという、典型的な事例を紹介したいと思います。

私が保険会社に入社して外回りを始めた二日目、マンションの各部屋を順番に飛び込み訪問していたところ、ある一室が会社の事務所になっていました。当然ながら、しどろもどろの新人の私を、忙しく働く人が相手にするわけもなく、初日は適当にあしらわれて門前払いを受けました。

その後、私は月に一回ぐらいのペースでその事務所に顔を出すようにしていました。門前払いされることがわかっていたので、逆に気が楽だったからかもしれません。こうして、特に用事もないのに「近くに来たので寄ってみました」とやって来る私を、初めは明らかにけげんそうに見ていましたが、三〜四回目になると、そこの社長が「また来たのか」と半分あきれながら笑って受け入れてくれるようになり、少々の世間話ぐらいはできるようになりました。

これで気を良くした私は「経営者さんには経営者向け商品のパンフレットを持っていくとよい」と先輩からアドバイスを受けて、あまり知識もないままにパンフレットを持参しました。するとその社長から「損金参入できるの？」と質問を受け、当時の私はその言葉の意味すら知らず「申しわけありませんがまだ新人で勉強中ですので、調べてまたおうかがいします」と言うのが精一杯でした。

何の知識も持たずに法人に営業に行っていた自分の無謀ぶりには、今でこそ冷や汗が出てきますが、しかし下手に知識があったら、自分の無知ぶりを実感して簡単に訪問できなかったように思います。何も知らなかったからこそ通い続けられた、そう思います。

それから、一つ質問を受けるたびに答えに困り、そのたびに会社で教えてもらって翌日また訪問する、というようなことをしばらく繰り返していくうちに、法人保険に関する知識が少しずつ深まっていきました。現場で必要に迫られて学んだことは、机の上で学ぶよりも身に付くのが早いのです。

しかし私はまだまだ考えが甘かったようです。半年が過ぎたころ、その社長から強烈な一言を聞かされます。「経営者というのは、会社のことを自分の家族と同じぐらいに命をかけて守っているんだよ。キミ、それわかって来てるの？」

だから、私を本気で相手にするわけがないだろう、社長はそう言いたかったようです。

それを聞いて私は初めて、自分があつかましく軽い気持ちで営業をしていたことを痛感し、返す言葉もなく涙目で帰ることになりました。初の挫折というわけです。

それから数日一人でいろいろ考えているうちに、これまでの半年の間に、私に契約をしてくれた何人かのお客さまが、どんな思いで自分に期待と応援を持って契約をしてくれたのか、ということをあらためて実感することになりました。

もしも自分が顧客だったら、入社間もない新人に契約をするだろうか。これまでのお客さまは、どれほど温かい思いを持って自分を応援しようとしてくれたのか、そんなことを思ううちに、もう一度頑張るべきという考えに至りました。

あの社長の言うことはたしかに正しい。でも、いつかあの社長に認めてもらえるような自分にならなければ、これまで応援してくれた方々への恩に報いることにはならない。あの社長の言葉を真摯（しんし）に受け止めて、もう一度、一から自分の仕事への姿勢を見直そう——。初の挫折は自分を反省するきっかけになりました。

それから半年後に、私はその社長から大型事業保険の契約をいただくことになりました。新人にしては快挙という大型契約でしたが、当時の私は知識的にも完全とは言えない域にあり、なぜ自分が契約に至ることができたのか、深くは理解できず、ただびっくりしたという心境でした。

しかし今、自分も経営者になって数年が経ち、その社長の気持ちが少しわかる気がします。たしかに会社経営というのは、どんなに小さな会社であっても、命がけの思いがなければできないものだと思います。特にゼロから出発する創業経営者にとっては、会社設立や維持の過程には、挫折もあるし迷いもある。悔しい思いも失敗もあって、それでもじっと耐えて努力を繰り返し続ける、そういう継続と根性が必要な精神だと思います。あの涙目で帰ったその後も、同じペースで訪問を続けた私に、もしかしたら社長は、ご自身の昔の姿を重ねて見たのかもしれません。

その社長との出会いは、法人営業という分野に踏み込むきっかけとなり、生保営業において法人顧客を持つことは生き残りを左右するほどの影響へと発展していきました。

それ以上に、私がその社長から一番学んだことは、人から信頼されるには知識よりも先に学ばなければならないものがある、ということでした。特に法人分野においては、経営者の方と共感し合える感覚的な何かがなければ、多数のセールスパーソンの中から自分を選んでもらうことは難しいのです。その感覚は、現場で失敗や成功を繰り返さなければ、決して得られないものではないと思います。

新人のころの素直な感覚と、知識を誇示しない謙虚な姿勢、経営者と共感し合える感覚などを、今でも、私は忘れないようにしたいと思っています。

◆四　分母を増やすための工夫◆

営業という仕事で高い成果を挙げ続けるためには、営業を仕掛ける件数自体を増やすこと、それが一番の要素ではないかと思います。どんなに営業力が高くても、また素晴らしいセールストークができても、そもそもの営業件数＝分母の数が増えていかなければ、成約に至る件数も増えていかないからです。

つまりは、営業の善し悪しは、営業を仕掛ける＝アプローチする件数をひたすら増やすことに、すべてがかかっていると言っても過言ではないと思います。

単純に考えても、一日のアプローチ件数の平均が三件の人と六件の人とでは、結果の数字も二倍違うことになる可能性が高くなります。また、もしも一日で二〇件とか三〇件アプローチができれば、結果はもっと大きな差となるでしょう。

と考えると、物理的な面だけで言えば、たとえば歩くのがとても速い人や、何件営業しても全然疲れないような強靭（きょうじん）な体力がある人などは、営業するうえで圧倒的に有利ということになります。

ほかにも、睡眠時間が短い人というのも、それだけ仕事にかけられる時間が長く取れるという面で有利と言えそうです。

それから、私が新人のころに、あるトップセールスの人と会話をする機会があったのですが、その人が驚くほど早口であるにもかかわらず、話す内容がとてもクリアによく聞き取れるという、かなり特徴的な話し方をする人で、これなら普通の人の半分の時間で営業できるだろうなぁと感心したことを覚えています。というわけで、早口でも上手にしゃべる人も、物理的に有利と言えるのでしょう。

という具合に、物理的な面で営業効率を上げられる要素を持っている人はいます。もしも、どれか一つでも当てはまる人は、ぜひともその能力を最大限に生かしていただきたいと思います。

しかし、誰もがこうした特性を兼ね備えているわけではありませんよね。私自身のことを言うと、決して体力があるほうではなく、すぐに休憩するほうが得意です。それに早歩きでもなく早口でもありません。睡眠時間も人並み以上です。そして、特に新人のころは、幼い子ども二人の子育てもしていましたので、時間の面でかなり不利でした。

しかし、そのように不利な状況にあったからこそ、どうしたらアプローチ件数を増やせるのか、営業効率を上げ分母を増やすために何か良い方法はないものかと常々考えていたことを覚えています。内心では、早く休憩を取りたいがゆえに効率アップを考えていたような、サボり好きの不純な動機もありましたが……、とにかく効率アップを強く意識していたわけです。

そこで最初に思いついた工夫とは、一軒の世帯から複数件の契約を挙げることでした。これなら、一回の営業で件数を稼げるので分母を増やしやすくなります。というわけで、新人のころから世帯丸ごと契約をもらえるように働き掛けることを意識するようになりました。自ら意識したことは、新人でも習得するのが早くなるようで、一件の契約しかもらっていない既契約者さんのところに、すかさず再営業をしていた思い出があります。これもサボり好きの功績と言えるのかもしれません。

もう一つ工夫で思いついたのは、日々の営業の際、共通項のある人たちを、同じ日に回るようにするというものでした。たとえば、今日は小さなお子さんのいる専業主婦の人たちに営業をする、別の日は年配層の人たち、また法人を回る日……、というように営業先を分類するようになり、そのための独自の手書きリストのようなものを作るようになりました。これはデータベースマーケティングの先駆けのようなものだったと思います。

そうすることで、準備する資料がほとんど同じですから時間が短縮され、用意する話題も同じにできるので気分的に楽でした。それに、一件目のアプローチ先で出た話題を次のアプローチ先でも使えるという効果もあり、顧客と信頼関係が作りやすくなって、結果として契約率が上がるという実感がありました。

余談ですが、会ったことがあるけれど普段はほとんど留守にしている人というリストも作っていました。そのリストを回るのは手を抜きたいときで、最初から不在だとわかっているので、簡単な手紙を用意し、自転車で回りながらポストに入れていくだけという楽な方法だからです。しかし、これも定期的にメモや手紙が入ることで、顧客からは「マメに訪問をしてくれる人」という信頼を生む結果になりました。手を抜きたい日が多かったおかげかもしれません。

時には、いないと思ったのに行ってみたらいたというときもあり、何の資料も用意していないので世間話とあいさつ程度でそそくさと帰るわけですが、それが、マメに来るけどしつこく営業だけをするわけではないという好印象の要因になったようで、「今度、保険の資料を持ってきて」と依頼をされたこともありました。

そして今振り返ると、自分なりのルール化したやり方を、継続しつつ繰り返していたことに大きな意味があったように感じます。分母を増やすためには、こうした自分なりの工夫や、何らかのルール化と継続、このあたりに大きなヒントがあるように思います。

顧客が信頼を持つ相手とは、一回だけの過大サービスをしてくれる人ではなく、ほんの少しのサービスでも継続してくれる人のほうです。無理なく楽しみながら、分母を増やす工夫にチャレンジしてみてください。

◆五　仕事の効率化が成績アップの決め手になる◆

営業の仕事はもちろん、さまざまな仕事において、技術を向上させて成長し、結果を出すためには、ほかの人よりも少しでも多くの仕事をこなすなど、仕事全体の効率化が関係します。

一日二四時間、与えられた時間はみんな同じですが、一日に三人の顧客と会うよりも、五人、一〇人と会うほうが、結果は二倍あるいはそれ以上に違うはずです。また三人にクロージングして一人か二人が契約に至るよりも、三人全員が契約に至るほうが圧倒的に効率が良くなりますよね。

このように仕事の効率化を図ることは、業績にも、自分自身の成長スピードにも多大なる影響を及ぼします。「結果を出す人は、仕事の効率化に成功している人である」とも言えます。

そこで今回は、仕事を効率化するためのコツやヒントについて、基礎的なことをお伝えしたいと思います。

最初のポイントは、「計画を立てる」ということです。

日常の予定や中期的な計画を、頭の中だけで考えられる人もいるかもしれませんが、その記憶力がいつまでも続くとは限りませんので、早い段階から、書いたり記録する癖を付けることをお勧めします。手帳やノートでもいいですし、パソコンやスマホのアプリケーションを活用してもいいでしょう。

ちなみに私の場合は、「Ｇｏｏｇｌｅカレンダー」とスマホのカレンダーアプリを同期したスケジュール表を作っています。毎朝、スマホに「今日の予定は？」と話しかけると、音声で今日の予定を読み上げてくれ、とても優秀な秘書がいるような感じです。

そしてもう一つ、エクセルで自前の業務計画・進行表も作っています。エクセルのほうは進行中の仕事がどこまで進んでいるかが一目でわかるよう、色を使い分けるなどして活用しています。

慣れないうちは、計画表を作る作業ばかりに時間を取られて、むしろ非効率だと感じるかもしれませんが、これができない人は成長の上限が低くなります。その理由は後述します。

とにかく、この癖をきっちり身に付けることが重要です。

では次のポイント、それは「今やっている仕事に集中する」ということです。

たとえば、お客さまと会話しながらほかの仕事のことを考えていたり、保険の設計書を作りながら明日の予定を考えたり――ということをなるべくしないように、営業のときは目の前のお客さまに集中し、また事務やパソコンに向かうときはその作業に全力投球して、余計なことは考えないようにするのです。

特に、営業の際に目の前の顧客に集中することは非常に重要です。会話しながら次の顧客のことを考えていたり、違うことを思い浮かべたりしていると、その散漫さが空気として顧客に伝わります。散漫さは伝染して、顧客も今夜の献立のことを考え出す――ということになり、これでは取れるはずの契約さえも、「次回に……」ということになりますよね。

目の前のことだけに集中する技術は、まずは「集中しよう」と意識することが訓練になります。無意識に集中できる人もいると思いますが、〝無意識の技術〟は、やはりいつか衰える日が来ます。ですから、意識して「自分を集中モードに切り替える」という感覚を身に付けることが理想です。実際に身に付けるのは簡単ではありませんが、それでも継続がすべての基本です。

そうやって目の前の仕事に集中する癖を付けることで、常に最短で最良の結果を出すことを目指すようになり、これが結果として仕事全体の効率化につながるわけです。

私の場合は、子どもたちが小さいころ、子育てと仕事を両立しなければいけない立場だったため、もしも子どもが明日熱を出したら、明日は仕事ができないかもしれない。だからこそ、今日の仕事を常に最短で片付ける必要があり、効率アップは必須の課題でした。

その中で編み出した方法が、「目の前のことに集中する」ということでした。そう意識するようになってから、それまでの倍以上のスピードで仕事をこなせるようになり、その結果、何と営業成績も倍になりました。子育てで時間がないというハンディのおかげで、成績が上がったのです。

ところで、この「集中力」ですが、これを磨けば磨くほど、目の前のことしか考えないため、その後の予定をその瞬間はまったく考えなくなり、次の仕事に取りかかるときはまた頭をリセットするので、非常に忘れっぽくなってしまうということが起こりました。これはショック！

でも、そこで役に立ったのが前述の「計画を立てる」ということでした。スケジュール管理がしっかりされていて、進行状況が一目でわかるよう工夫されているため、安心して目の前のことだけに集中できる――。それが効率アップのために重要な要素だったのです。安心して集中できる環境を作ることが、最も効率を高めるからです。

またほかにも、たとえば数日かかるような仕事は、次にその資料を見たときに、どこまで進んでいるのかがすぐに判別できるようにしておくといった工夫をするようになりました。忘れてしまうので、思い出しやすいように工夫したわけです。すると、ファイルや資料の管理方法が明確化され、データや資料が見つからないということがなくなり、これも効率化につながりました。

多数の仕事を同時進行したり、一度に複数のことを考えるのは難しいけれど、その瞬間に考えることが「目の前のこと」だけなら、私でも、そしてたぶん誰でもできると思います。計画と管理をしっかりと行い、そして目の前の仕事に集中して全力で取り組むこと、それが仕事の効率化となり、ひいては成績アップの鍵となります。

ぜひ参考にしていただければと思います。

◆六　転換制度の注意点◆

今回は転換制度について、感じていることを書きます。

最初におさらいをすると、転換制度とは現在加入中の保険商品の中で貯まっているお金（責任準備金）を頭金のように充当して、同じ保険会社の新たな保険商品に切り替える方法です。

責任準備金は、解約時の返戻金よりも多いため、解約をして新たな保険に加入するよりも、貯まっているお金を有効活用できることが転換制度の最大のメリットです。また、転換時には特別配当の権利を継承できるといった優遇面もあり、保険の見直しをするうえでは非常に有利な制度の一つと言ってよいと思います。

この制度は大手生保会社にはありますが、外資系生保や損保系生保の多くでは取り扱っていない制度です。したがって、実際に取り扱うのは、主に大手生保会社の営業職員ということになります。

ちなみに、私自身は、大手生保営業職員から保険代理店へと転身をしていますが、乗合代理店をしている現在も転換を取り扱うことがある立場です。営業職員時代は、転換制度は「既契約者の方にとって便利な制度の一つ」という認識でした。しかし、保険代理店に転身直後、同業仲間の方々に転換制度を強く否定する人が多く、とても驚くことになりました。

最初は、転換制度を直接取り扱っていないために制度内容を正確に理解しておらず、思い込みや誤解が先行しているのではないかと感じていました。しかし、代理店になってしばらくすると、なぜ転換を強く否定するのか、その理由がわかってきました。

それは、代理店としてお客さまから相談を受ける中で、転換契約をしたあとで心配になって相談に来る方々の中に、ご本人の意図していない転換をしている事例が多かったからです。

なかには、これは悪質では？　と感じるケースもありました。そういうケースを目前にすると、正直なところ冷静でいられないほどの強い怒りを感じます。転換を否定する方々は、こうした経験を繰り返してきたのだということがわかりました。

転換制度は保険の見直しをするには非常に便利な制度ではありますが、古い契約を新しい契約に変えてしまうというだけでも予定利率を変更することになるわけですから、貯蓄性を下げてしまうことになります。

また、転換価格を新契約のどの部分に充当するかによっても、今まで貯めたお金がどうなってしまうのかということを考えなければなりません。

提案をする際には、旧契約と新契約の違いをよくよくお客さまに十分説明し、メリット以上にデメリットをしつこく念押しして、納得をいただかなければなりません。お客さまは、そのときは納得されても後で失念されることもありますから、ややくどいくらいに確認するほうがよいのです。

また、実際に相談を受けた中で多かった事例を挙げると、旧タイプの予定利率の高い終身保険契約を定期付終身やアカウント型など定期部分の比率が高い契約に転換し、さらに転換価格をすべて定期部分に充当し、それを顧客に明確に伝えていないというものです。さらに、定期保険を分割で確定年金形式で支払うタイプの特約（各社によって、生活保障特約、収入保障年金特約、年金払い定期保険特約などの名称）を付けることによって、一見すると初年度分の保障額しか表記されていないため、お客さまは高額保障に加入していることに気が付かないケースがありました。特にこのタイプの特約を付帯する場合は注意しなければ間違いの元となります。

このように、転換の取扱いには注意や慎重さを要することを肝に銘じていただきたいのです。たとえば、新人の方がその点を理解せずに安易に取り扱うべきものではないと私は思います。実はこうしたケースは、新人＋指導担当者という営業にも見受けられます。お客さま側も「上司が付いているから大丈夫だと思った」と、内容をよく確認していない場合がありますので、新人を指導する立場の方には十分に注意をしていただきたいと思います。

そして、私自身が直接相談を受けたお客さまのほとんどが「自分の保険なのにきちんと確認をしなかった自分も悪かった」とおっしゃっていたことも、ぜひとも知っていただきたいことです。その言葉を聞いて、私は業界人として心底申しわけない心境になりました。このような善意のお客さまの信頼を失うようなことを絶対にしてほしくないのです。

営業職員の方々には、ご自身たちが予想する以上にこうした事例がある現実をあらためて知っていただきたいと思います。日頃の営業活動をあらためて振り返ると同時に、身近な仕事仲間同士、互いに警鐘を鳴らして注意し合っていただければと思います。

また、転換を否定する方々には、冷静な判断も必要ということも感じています。私自身も、こうしたケースが多いことにショックを受けましたが、相談をしてくるお客さまは、最初から不安を持ってのことですから、こうしたケースが集中しやすいということもあると思います。

現在は、数年前に比べるとこうした相談も減ってきているように感じており、各社の努力を実感しています。そして最初に書いたように、転換制度は見直しをするうえで一つの有効な方法であることには変わりありません。制度そのものを否定するのは、やはり行き過ぎと思います。

私たちにとって大切なのは、正しい知識を持つこと、正しい知識を後輩に継承していくこと、悪質な行為は許さないという正義感、そして、私たちを信頼してくださるお客さまを守り続けることであると思います。お客さまに喜んでいただき、やりがいを実感できる仕事を続けることが、この仕事で成功し、生き残るための基本中の基本です。

◆七　保険証券を解読する方法◆

▽保険証券を自力で解読できるか

先日、ある業界セミナーに参加する機会がありました。その際に、「保険証券の画像を送ると、その内容を分析して、図表等で内容をわかるように示してくれる」という有料サービスがあるとの話を聞きました。便利な世の中になったものだなと思います。

しかし、保険証券を見て、その中身を自力で解読できないのは、そもそも問題があるようにも思います。

生命保険の営業をしている人にとって、お客さまの保険証券を見せてもらい、内容を診断する作業というのは、日常的にあることだと思います。特に保険の見直しをする場合には、顧客が現在加入している保険の内容を把握することは必須ですよね。ですから、保険証券を見て、その内容を解読できなければ、そもそも保険の見直しを提案すること自体できるものではないはずです。

しかし実際に、「保険証券を見て、その場で即座に保障内容を解説できる自信がある」という人は、どのくらいいるでしょうか。自分が取り扱っていない保険会社の商品の保険証券は解読できない営業パーソンや保険代理店は、残念ながら少なくはない――というのが現実ではないでしょうか。

新商品が次々と開発され、内容も複雑化しているため、保険証券の解読は年々難易度を増す傾向にあり、簡単ではないことも事実です。それでも、「保険証券を見れば、大概の内容はわかる」という域に達していなければ、そもそも保険の見直しを提案する資格がないのではないかと思います。

そこで今回は、保険証券を解読できるようにするための方法について、私の経験やコツなどをお伝えしたいと思います。

▽多くの保険証券を見る機会を持つ

新人のころの私は、お客さまに「私の勉強のために、保険証券を見せてください」と言ってお願いし、保険証券を見せてもらう機会を頻繁に作るようにしていました。〝新人は新人の武器を生かす〟ほうが、お客さまも応援してくれるものです。そうやって多数の保険証券を見る機会を持つことが一番重要です。

▽自分自身で調べ、解読する努力をする

次に重要なことは、自分のわかる範囲でいいので、自分自身の力で解読する努力をすることです。すぐに誰かに聞いたり、システムやサービスを使ったりでは、いつまでも自力では解読ができないままになるので、自力で努力するクセを付けてください。

新しい商品の場合は特に、保険会社各社のホームページやパンフレットを調べれば、だいたいの商品構造はわかります。インターネットですぐに調べられますから、こうした作業は手を抜かず、ここだけは頑張る必要があります。

インターネットで頻繁に調べるクセを付けると、何をどのように調べれば早く回答にたどり着けるかなどのコツも身に付いて、だんだんと調べるスピードが速くなっていきます。私自身も、すぐに調べるクセを付けたことで、いつの間にか検索スピードが非常に速くなりました。おかげで保険のことのみならず、日常生活においてもずいぶんと役に立っていますので、皆さまにもお勧めします。

こうした作業を面倒に思ってやらない人は、後々までずっと保険証券を解読できないまま、もっと面倒なことになるだけです。一定の期間頑張って解読能力が備われば、その後は保険証券を見るだけで、調べなくてもすぐにわかるようになるのですから、結局はそのほうが効率がいいということを意識して頑張りましょう。

▽古い商品を調べる方法

次に、新商品ではない場合など、商品情報を得ることが難しい場合は、安易に今の商品に当てはめてはいけません。ここは気を付ける必要があります。たとえば、今は有期型タイプしかないのに、以前は終身型も選べたというケースなどもあります。今の商品の内容を調べて回答してしまうと、間違いの元ですので注意してください。

少し前のバージョンの商品など、現在は明確な商品情報がない場合の解決方法は、お客さまにほかの資料も併せて見せてもらうのが一番早い方法です。たとえば、契約当時の保険設計書や、年に一度保険会社から送られてくる「ご契約内容のお知らせ」を見せてもらうと、イメージが湧きやすくなります。

そしてもう一つ、以前のバージョンの商品や古い商品を調べる方法として、「その商品の発売時期にさかのぼって、その時期の保険会社のニュースリリースを見る」という方法があります。保険会社各社では、新商品が発売されると必ずニュースリリースやトピックス、お知らせといった方法で、マスコミ向けに発表をしていて、これは過去のものでもさかのぼって調べられるケースが多いです。

▽保険会社のニュースリリースを活用

実はこのニュースリリースは、かなりわかりやすくポイントがまとめられているため、新商品を調べるときでも、ニュースリリースを見るほうが案外わかりやすいということも感じます。ニュースリリースには商品とは関係ない情報も多数あるため、探し出すのが少し難儀ですが、これも繰り返すことで慣れてきます。

ニュースリリースを頻繁に見ていると、その書き方などにも特徴があることがわかってきます。商品のポイントや商品内容、保険料事例などのほかにも、その商品が必要とされる社会的背景や各種データが紹介されているため、「なるほど」と参考になることも多くあります。ぜひ、保険会社のニュースリリースに目を通してみてください。

▽最終的な「ゴール」はどこか

ところで、自力で解読できるようになる「ゴール」はどこにあるのでしょうか。私が思うには、複数の保険証券を見て内容を把握するとき、その内容が頭の中で「図表」として浮かぶようになれば、それがゴールだと思います。

たとえば、定期保険は四角、逓減保険や収入保障保険は右下がりの三角、年金保険は右上がりの四角、終身保険は右に矢印の付く四角、各種特約なども終身型は矢印の付く四角、更新型や満期型特約は四角……などです。モヤっとでもそのイメージが頭に浮かぶことがゴールです。

保険証券は、わかりにくい言葉が並ぶ難解なものですが、それをお客さまの前で即座にわかりやすく説明できるようになれば、仕事自体も楽しくなります。ぜひ、この力を身に付けていただければと思います。

◆八　創業経営者と二代目経営者◆

経営者にとって、事業継承をいかに順調に問題なく行えるかということは大きなテーマでもあります。引き継ぎする側、引き継がれる側にとっても、それぞれに解決すべきことや乗り越えるべきことがらなど、さまざまな問題が付いてきます。

今回は、創業経営者と二代目経営者について、営業を通じて私が学んだことや考えさせられたことを書きたいと思います。法人営業などの際には、こうしたことを事前に知っていたり考えておいたりすることで、営業現場で役立つものがあると思います。また読者の中には代理店を経営されている方もいると思いますので、自社の継承問題に当てはめて考えていただければと思います。

初めに私自身のことをお話しすると、大手生保会社の営業職員を経て代理店として独立起業した経緯があります。ですから私自身は創業経営者の立場です。しかし自分が起業するまでは、経営者が日頃どのようなことを考えどういう価値観を持っているのかまったく知らないままに、飛び込み営業で初めて経営者と接する機会を得るところからスタートしています。そのように、経営者の立場や考えをよく知らない状態の中で、それでも信頼関係を築くことのできた経営者の方というのは、そのほとんどが創業経営者の方々でした。

それはなぜなのか、と振り返ると、創業経営者の方は誰しも何もないところから手探りで必死に仕事を積み重ねてきたという経緯を持っていて、一見厳しい性質のように見える人でも、心の奥に深い情のようなものを持っている人が多いように思います。当時の私のように無知な新人に対しても、厳しい半面、どこかで応援する思いを持ってくださっていたと感じています。それは私自身も独立起業してからあらためて実感したことでもありました。

ですから営業パーソンの方々で、もしも最初に法人営業をするなら創業経営者の人のほうが情が深い傾向がある、ということを心に留めておくといいと思います。たとえ初めは冷たくされても、一生懸命に真摯（しんし）に営業する姿勢を見せ続けることで信頼を得られる可能性は十分にあります。辛いことや失敗があっても負けずに頑張る姿に心打たれる創業経営者は少なくないと思います。それは自分にもそういう時代があった、という経験を持っているからなのです。

私自身も独立して創業経営者となり、自分と同じ創業経営者の人のほうが気が合う、と実感する時期が長くありました。

しかし、さまざまな人脈が増え、また月日の経過とともに、多数の二代目経営者の方々とも接する機会を得ることになりました。特に地元地域の異業種交流会の若手二代目経営者のグループの方々と大変仲良くなり、このグループとは十数年以上の長きにわたり家族ぐるみの付き合いをすることになりました。また、保険代理店業の仲間の中にも二代目の方が数多くいます。世代が近いせいか、今ではこうした方々とも相通じるものがあることを実感しています。

そして気が付くと自分のお客さまをはじめ友人知人としても、私の周りには創業経営者より二代目経営者のほうが多くなりました。それはどうしてか――。私自身が二代目の方々の立場や気質を理解するようになった、ということが大きいと思います。

最初は、本人が積み上げたものではない、親御さんなどが苦労して積み重ねた事業実績や社会から得た信頼を、自分のもののように当たり前に受け止める二代目の気質にどこかで疑問を感じていたように思います。しかし、実はそうではなく、二代目には二代目の、創業経営者にはない別の苦労や乗り越えるべき道があることをだんだんと知ることになりました。

初めに実感したのは、二代目はできて当たり前、できなければダメという扱いを常に周りから受ける立場にあることでした。どんなに優秀な結果を出してもそれは「そもそも先代のおかげ、先代に感謝せよ」というような評価から、二代目は長い期間逃れられないのです。周りからの評価や信頼を自分自身の力ではなく初代経営者の影響でしか受けられない。これは創業経営者にはない苦労の道ではないかと感じるようになりました。

また、創業経営者は失敗しても踏まれても何度も立ち上がり、人に頭を下げ、自らが全力で努力をしていく――、そういうガッツや根性のような資質が必要だと思います。創業経営者は情が深いというのも、こうした経験をしているからです。

これに対して二代目は、根性論よりもむしろ、難題が起こっても難なく乗り切る冷静さや大らかさのようなもの、またさまざまな考えを受け入れるバランス感覚のようなものが必要ではないかと思います。「事業を継承し維持していく」という目的においては、そのほうが有効だからです。よく、二代目はのんびりしているかのように受け取られることも多いですが、それがむしろ二代目として必要な資質ではないかと私は思っています。

そして、創業経営者がどんなに優秀でも、その知識や経験値がいつか古いものとなり現代にそぐわないものとなる時期が必ず来ることになります。そのときに、自ら積み上げた実績を手放し二代目に任せるのはかなり大きな決断になるでしょう。つい心配のあまり、いつまでもそれができない創業経営者も実際数多くいます。

二代目はそんな中で、先代を引き立てつつも独自の道をいかに切り開くかが必要となり、それは、何もないところから会社を作ってきた先代の苦労に匹敵するような苦労を伴う道ではないでしょうか。こうした苦労や努力の姿を、あまり表に見せないのも二代目の特徴のように感じます。

法人向けの保険商品は、経営者の福利厚生の充実のほかにも、スムーズな事業継承の場面で重要な役目となるものです。ですから、経営者の立場による資質や責任の違いを意識しておくことで、法人顧客を開拓する際にそれが強力な武器となる可能性も高くなります。それは、顧客と共通する価値観や、立場を理解する気持ちを持っていることで、信頼関係がより作りやすくなるからです。参考にしていただき、法人営業の際に役立ててもらいたいと思います。

◆九　商品規模による営業方法の違い◆

生命保険契約には、たとえば医療保険などのように月額保険料が千円代でも加入できる商品から、経営者の保険などのように年間保険料が数千万円にのぼる商品もあります。

営業パーソンにとっては、金額の大きな契約のほうがもちろんうれしいものですが、少額で加入しやすい商品にも、件数をこなしやすいことや解約リスクを低く抑えられる点など、違うメリットがあります。

今回は、私自身がいろいろな規模の商品を取り扱うことによって学んだことや、営業するうえでの注意点などについて、体験談を紹介したいと思います。

まずは大型商品について。

規模の大きな保険契約の代表と言えば法人契約です。

私が初めて経営者の契約を取ったのはちょうど、大手生保会社に営業職員として入社してから一年目のことでした。知識が足りない状態ながらも根気よく通っていた会社の社長さんからご契約をいただき、さらにその数か月後にはご家族の契約を全部お願いしたいと依頼を受け、一度に何枚もの申込書が並ぶという経験をしました。短期間のうちに、法人の保険商品は大型契約につながりやすく、ご家族に展開する可能性が高い、というメリットを体験したことで、私は法人分野への興味を一気に深めていくことになりました。

そして、法人契約など大型商品を取るには専門知識や経験値が必要ということを実感し、まずはその勉強をするために、それなりに時間を要することになりました。さらに、知識を得るだけではまったく足りなくて、学んだことを営業の実践で生かすには、現場経験を積む努力が必要でした。加えて、経営者の方々と人脈を築くことや信頼関係を深めるために非常に時間を要しました。

そのため、目的に到達するにはその前に固めなければならないことが広範囲にわたっており、周りを固めることばかりに時間を取られるような感覚がありました。

また実際に契約を取るには、経営者の方だけでなく、その企業の担当税理士の方やほかの役員など、さまざまな人を説得して同意を取り付ける必要があったり、契約目前まできて診査が通らないとか、誰かの一言で契約がダメになるということが起こってみたり……。するとそこまでかけたエネルギーや時間の大きさの分だけ喪失感も多大となるなど、思った以上の困難が待ち受けていました。大型契約を狙うこと自体が時間の無駄ではないのかと、そういう気持ちにとらわれたこともあります。

それでも、知識を得てそれを発揮できることは非常にうれしいことであり、やりがいや達成感を得るためにも、生命保険の営業をするならぜひとも法人分野も極めるべきと思います。

私自身も、営業をするからには何とかこの道を極めたいという願望が支えとなって、だんだんと法人分野に強くなり、努力をしてきて良かったという思いとともに、単に保険販売先としてではなく、多くの人と出会い学ぶことが多々ある喜びなども実感することになりました。経営者の方々と人脈を築くために参加した、複数の経営者グループや異業種交流会などのおかげで、そこから多数の大切な友人や仲間が増えていき、世界が広がっていくことになりました。

契約の数字が大きい喜びだけでなく、単に保険販売にとどまらず得るものが多いことが、大型商品の販売に熱意を持つことの最大のメリットであったと今は感じています。

さて、続いては少額の商品についてです。

私は営業職員からスタートしたこともあり、がん保険や医療保険などの第三分野に初めて踏み込んだのは、代理店として独立してからさらに数年後のこととなりました。

最初に驚いたのは、初めてうかがったお客さまのご自宅の玄関先で、一発で契約が決まったことでした。これは第一分野ではあり得ないことだからです。今まで経験し勉強して学んできた生保販売のノウハウが、なし崩しに無意味に思えるような感覚を覚え、最初は非常に戸惑いました。

しかし慣れてくると、第一分野にはなかった面白さも感じるようになりました。

入院やがんのリスクは、死亡リスクに比べて多くの人にとって身近なものであり、第一分野に比べてずっと販売しやすいからです。

営業をする中で多くの人に共感をしていただけるのは大変にうれしいことであり、また契約に結び付く確率が高いことで自分自身のモチベーションの維持が楽になりました。それから先に述べたように、商品単価が低いため解約リスクが低いことはもちろん、解約による収入増減の幅が狭いため、安定的に仕事ができることも実感しています。

しかし、少額商品を販売するには件数をこなさなければなりません。第一分野のようにメリハリを付ける営業活動よりも、日々コツコツと少額契約を積み重ねていく活動が必要であり、根気や継続力、また気持ちの安定を図るバランス感覚など、これまでとは違った面での修行が必要でした。飽きっぽい私の場合は、その点で非常に苦労がありましたが、しかし大変良い経験にもなりました。

さて、こうした商品規模による営業手法の違いを経験してみて、まずは両方ともにやってみることで初めて知ることも多かった、と思っています。それぞれの良さや、自分の弱点などを客観的に振り返ることになったからです。また、営業の方法には、これが一番正しいというような決まったものがなく、いろいろな見方や方向性があることも実感することになりました。

もしも今、自分の営業に行き詰まっている人は、これまでとは違う系統の商品の販売に注力してみていただければと思います。

◆一〇　ビジネスメールマナー◆

ビジネスシーンでメールが当たり前のように使われるようになってから、まだ一五年ほどでしょうか。当初は、ビジネスメールのマナーやノウハウを伝える書籍や記事などをよく見かけたものですが、最近はその手のものがかなり減りました。

今やメールはビジネスで当たり前に使われるものなので、今さらあらためてノウハウを知ろうと考える人は減っているのかもしれません。

しかし、そのせいなのか、最近メールマナーの質が落ちてきている、と感じる場面が増えてきているように思います。

そこで今回は、ビジネスメールを使いこなすコツや注意点について書きたいと思います。

メールを書くうえで最も大切な心掛けは、「読む側の立場に立って文章を書く」ということです。これをうまく表現するにはいくつかのコツがありますので紹介します。

① いつ、どこで、誰が、何を、という情報を明確にする。
② 改行や句読点を適度に取り入れ全体のレイアウトを工夫する。
③ 長過ぎず、短過ぎず、必要な情報をコンパクトにまとめる。
④ タイトル（サブジェクト）は内容を予想できるものにする。

続いて①～④のそれぞれについて掘り下げて説明します。

① いつどこで誰が何を

メールの場合、毎回こうした情報が明確に記載されていることが大切です。「先日の件ですが～」と書いても、読む側が「先日の件」をすぐに思い出せる環境にあるかどうかわかりません。特に、主語や日時や場所が明確ではないメールは、読む側にとって「いつ？ どこで？ 誰が？」と聞き返すか、調べ直す手間がかかりますから、読んでいて非常に不愉快になります。そのため、そうしたメールを書いた人の印象や信用度を落としてしまうことになりますので、ぜひ気を付けてください。

②　改行と句読点、レイアウト

改行や句読点がなくずらずらと長い文のメールは、非常に読みにくく、読む側は何度もメールを読み返したり、確認をしたりと手間が生じます。これが相手の貴重な時間を奪うだけでなく、伝えたいことが伝わらなくなります。段落ごとに一行あけるなど全体のレイアウトも整えて、一回読めばすんなり理解できるよう工夫をしましょう。

③　長過ぎず短過ぎず

メールは長くなり過ぎると、スクロールして読むことになるため、最初の文と最後の文を同時に目にすることができなくなります。ノートパソコンやタブレット、スマホなどを含め、読む画面が小さくなればなるほど、余計に理解しにくくなるわけです。必要な情報はしっかり載せるけれど、文章は長過ぎないように心掛けましょう。特に、メール文章と「話し言葉」は異なる、ということを意識してください。

④　タイトル（サブジェクト）を工夫する

タイトルは、メールの内容が想像できるもののほうが、読む側にとって親切です。たとえば「会議の件」というタイトルよりも「〇月〇日の編集会議の出欠確認」というように、メールの中身を具体的に想像できるようなタイトルのほうが、ビジネスメールとしてふさわしくなります。

ところで、大企業の人ほどメールがあまり上手ではない、という傾向があるように感じています。もちろん人によりますので全員ということではありません。しかし会社に多数の人がいる場合、社内間でメールのやりとりをする機会が多くなり、同じ社内ですから主語や日時などを繰り返し書かなくても、伝わってしまう、というケースが多くなります。毎回メールに「○月○日の○○会議の件」と何度も書かなくても、「この次の会議」だけでも十分伝わります。

すると、これが癖になり、対外的なメールでも同様に重要な情報を省略したり、主語や日時が曖昧な不親切なメールを書いたりしてしまっても気が付かない、というケースを実は非常に多く目にしています。大手代理店や保険会社の方などは特にお気を付けください。

最後に、メールで相手に物事を伝える技術は、文章が上手か下手かということはあまり関係がないように思います。たとえ拙い表現の文章でも、思いが伝わってくるメールは実際にありますし、皆さんも同様の感想を持ったことがあるのではないでしょうか。

メールとは、書いた人が、読む相手のことを思いやって文を書いたのか、ということが顕著に表現されやすいツールでもあります。この点をぜひ意識してください。長くメールを使っていると、メールのやりとりだけで、相手の人となりが見えてくるからです。雑なメールには雑な人柄が見えてくる……、そういうことも意識していただければと思います。

◆一一　文章を書ける人と書けない人の違いは？◆

ビジネスシーンでは、メールなどでの文章のやりとりが欠かせない時代です。

そして、経営者や組織の管理者は特に、文章力が求められる時代だと感じます。社員や部下たちに対し、会社や組織の理念や事業計画などを文章で伝えて共有し合うということが重要になってきているからです。

こうなると、正しく情報を伝える文章を書くというだけでなく、人の心を打つような説得力のある文章を書く高い技術が求められます。そんな文章はどうしたら書けるのでしょうか。

これに関して、ヒントとなりそうなことを教えてくれた知人が複数いましたので、いくつか紹介したいと思います。

一つ目は「一人の人に伝えようとして書くほうがみんなに伝わりやすい」というものです。たとえば「皆さんはどう思いますか？」と多数の人を想定するような文章よりも「あなた」という誰か一人に呼びかけるようにして書くほうが、結果的に大勢の人の心に伝わりやすいそうです。自分に向かって言われているように思えるほうが、説得力があるのでしょう。ぜひ参考にしてください。

二つ目は「一文一意」です。一つの文章に盛り込むのは一つの意味だけにとどめ、小まめに句点を置いて文章を終えるようにします。一つの文にたくさんの意味を詰め込み過ぎないということです。そのほうが読み手の混乱を避けることができます。

三つ目は「あいまいな語尾は多用しない」です。「かもしれない」、「のようです」といった表現はなるべく控え、「～です」と断定する表現を多くするほうが、意味が伝わりやすくなります。すべてを断定するということではなく、全体の配分を見てバランスを取ることが大事です。

四つ目は「とにかく文章を書く習慣を付ける」というものです。どんなに文章を書くのが苦手でも、たくさん書けば書くほど、誰でも上達するということで、これには私も同感です。どんな技術でも繰り返すうちに誰でも一定のレベルには達するものです。たとえば、毎日一行の日記を付けるのでもいいと思います。「得意ではなくても、それでも書く」という行動が上達につながります。特に、経営者や管理職の人にはお勧めします。

いかがでしょうか。これらは私にとっても参考になったのでお知らせしました。

次に、基本的な文章の書き方についてです。これはビジネスシーンでも基本となることですので、おさらいの意味も込めてご紹介します。

文章を書くときに最も重要なのは、主語・述語・目的語を必ず明確に書き、省略をしないということです。

「いつ、どこで、誰が、何を、どうした」これらのどれか一つでも省いて書くと、意味不明な文章になります。一般的に、上手とは言えない文章とは、これができていない文章のことです。

解決するための簡単な方法としては、文章を書く際に、心の中で「いつ・どこで・誰が・何を・どうした」と念じながら、それに当てはめて文章を書いてみてください。それなりにわかりやすい文章が自動的に書けます。その練習を繰り返すと、大概の人が自然に、文章が上手になります。ぜひ念じながら書くことをお試しください。

この主語・述語・目的語が省略されている文章は、読み手側が理解するのに時間を要するため、非常に悪い印象を与えてしまいます。何より、「読む相手のことを考えていない」と見なされ、相手に自己中心的なイメージを持たれてしまいますので、気を付けてください。

また知人によると、こういう文章を書いてしまうタイプの人は、トップセールスマンにも少なくないとのことです。じっくり文章をつづることがまどろっこしく感じ、ついつい雑になってしまう人もいるかもしれません。

しかし、実はほとんどの人は、少し気を付けさえすればすぐに直る人だったりするのです。

さて、上手な文章を書くためには、どんなテクニックがあるでしょう。一つには、文章構成で「起承転結」を忘れないことです。

起：初めのあいさつ文のような内容。物語の始め。
承：説明を書きます。ここは長めに書く部分です。
転：少し違った角度の話も含めた説明で、結論へとつなげます。
結：結論を述べます。

この構成に従って文章を組み立てると、それなりの文章が仕上がります。または、順番を変えて「起結承転」のように、「起」の次にすぐ結論を書くと文章のインパクトが強まります。長文ではない場合はお勧めです。

ところで、文章を書くことに苦手意識がある人の文章を実際に読んでみると、案外それなりに上手な文章を書けているパターンが少なくありません。むしろ、苦手意識のない人ほど、主語のない文章を書いてしまったりすることがあります。つまり、うまく文章を書けない人とは、自覚のない人であり、気付かないから直らないのです。

文章が苦手と感じるということは、読み手を意識しているからこそなのですから、その気持ちがあれば上手な文章はすぐに書けるようになります。「慣れ」と少しの「訓練」があれば大丈夫。

ご紹介した、いくつかのコツやテクニックを参考に、まずは多くの文章を書くところから始めてみてください。

◆一二　共感力◆

最近、執筆業務が増えたことに伴って、取材のときに会話を録音したボイスレコーダーを、原稿を書く際にもう一度聞くという作業が増えてきました。あらためて会話の内容を聞いていると、とても興味深く感じられるのと同時に、原稿がスイスイと書けてしまうときと、なかなか筆が進まず苦労するときとの両方があります。

この違いがどこにあるのか、あるとき、その理由がわかりました。それは、取材しているときの「自分自身のリアクションによる」というものです。

取材中の自分が、「本当ですよね！」とか「すごいですね～」というように大きなリアクションとともに、感嘆や共感を示す言葉を数多く発しているときほど、あらためて聞いても、その内容を面白く感じて原稿も書きやすいのです。

また、私が共感のリアクションをたびたび取っているときは、相手の人も楽しそうに笑いがこぼれ、前向きで建設的な意見が多くなります。さらに、互いに共通する価値観を見つけると、「わかる、わかる」、「私もそう思います」と、話がもっと盛り上がっていきます。

楽しい会話を通じて互いに信頼関係が生まれることで、相手の本音や、正直な意見を引き出すことに成功するのです。そういう会話は、あとから客観的に聞いても、大変興味深く感じます。

しかし、時には自分のリアクションが薄いときもあります。それは、自分が相手の話に興味を感じていない場合のほか、単に、体調やコンディションの問題もあると感じました。

それ以降は、取材に臨むときは、自分の心のコンディションを整え、モチベーションを上げて、相手に共感のリアクションを頻繁に取れるよう、事前に意識するようになりました。また、どんなときでも、自分の心を素早くベストな状態に持っていけるよう訓練を積むことになりました。

そして、これは営業のときの心構えとまったく同じだということを感じたわけです。相手にどれだけ共感できるか、また、共感できることをどれだけ見つけられるか、その度合いによって、相手や顧客との信頼関係を構築するスピードに大きな差が生じるからです。

このように、相手に共感できることを数多く見つけたり、タイミングよく共感のリアクションを取れる技術や能力のことを「共感力（きょうかんりょく）」と呼んでみます。

営業において共感力の高い人は、結果として、顧客との信頼関係作りのスピードが速くなりますので、高い成績を出しやすい人、ということになります。

では次に、共感力が高い人とは実際にどういう人なのかを具体的に考えてみます。

まず一つ目として、ややオーバーリアクションを取る傾向のある人、と書くとわかりやすいと思います。

営業や顧客サービスの研修の中には、こうした共感のリアクションを練習するものもあり、その中に「うなずき体操」なるものがあるという話を聞いたことがあります。それは、やや抑揚をつけながら、ゆっくりと深く大きくうなずく練習とのことです。

実際に、二人一組で、相手に話をする側とうなずきながら聞く側に分かれ、今までどおりにうなずく方法と、うなずき体操で学んだオーバーなうなずき方で聞く方法を両方取ってみると、話している側の印象が大きく変わるそうです。

同時に、「そうですね」、「わかります」、「私もそう思います」というような、共感を示す言葉をなるべく数多く使うこともコツとなります。

日本人は傾向として感情表現があまり豊かではありませんから、多少オーバーかなと思えるような反応をするぐらいがちょうどよいということなのでしょう。皆さんも、まずはうなずき方から意識してみてはいかがでしょうか。

次にもう一つ、共感力の高い人の特徴として、「人の話を聞くときに、自分に置き換えて話を捉えられる人」というのがあるように思います。もしも自分が同じ立場になったら、ということを意識しながら相手の話を聞いているかどうか、皆さんも振り返って考えてみてください。

たとえば、「家族が病気で入院した」という話を聞いたときに、「それは大変ですね」だけなら、そこで話は終了となってしまいます。でも、〝もしも自分の家族が病気で入院したら〟と考えれば、家族の病に心を痛めている人の気持ちをリアルに受け止めることになります。すると自然に、相手の気持ちを思いやり、励ましや慰めの言葉が出てくるはずです。

実は、この「もしも自分が同じ立場だったら」が自然にできている人と、そうではない人がいます。自分が、もしかしたらできていない、苦手かもしれないと思う人は、自然にできている人からかなり後れを取ることになります。しかし、これは訓練ですぐに身に付きますから、普段から心掛けるように意識してみてください。

特に、日頃訓練する方法として、電話で人と会話する機会を増やすことがオススメです。電話は顔が見えませんので、会って話すよりも感情表現が豊かでないと伝わりにくいという特徴があります。ですから、いつも以上にオーバーリアクションで共感の思いを伝え、もしも自分が同じ立場だったらと意識しながら話すための訓練になるからです。まずは身近な人と電話で会話する機会を増やしてはいかがでしょうか。

共感力は、仕事のみならず、コミュニケーションや人間関係の構築など、日常生活や社会生活においても非常に重要なものとなりますので、あらためて心掛けていただければと思います。

◆一三　効果の高いアフターサービスとは何か◆

保険に加入いただいたお客さまへ、アフターサービスの一環として、年賀状などのあいさつ状を毎年お送りするという人は多いと思います。また、人それぞれにこだわりや独自の工夫をされている人もいます。こうしたサービスに対する心構えとポイントが、今回のテーマです。

優秀な営業パーソンには、お客さまへのさまざまな心遣いに普段から余念のない人が多いものです。そうした心掛けがお客さまの心に届き、信頼関係の構築へとつながって、結果として多くのお客さまから支持を得られることになるのだと思います。それには、普段からちょっとした心遣いを忘れないことや、その継続と積み重ねが大切です。

……ということは、誰しも理屈ではわかりきっていることですよね。今さら？　と思うかもしれません。

しかしよく考えてみると、営業パーソンの中には、これを非常に効率よく効果的に行っている人と、うまくできていない人がいるのが現実ではないでしょうか。お客さまにできるだけサービスをしたい、そして喜んでいただきたいという思いは誰しもあると思います。ではどうすれば効果の高いサービスにつながるのでしょうか。

その答えは、私自身も失敗を含めた長年の経験でたどり着いたものです。本来は皆さんも自分の経験を通じてつかむものですが、今回はそこに早くたどり着くためのヒントをお伝えしたいと思います。

まず一番大切なことは、「なぜアフターサービスが大切なのか」という原点に戻り、自分の中で明確な信念を持つ、ということが重要なポイントです。

お客さまが保険加入後に、私たち営業パーソンに求めているものは何か。それは、加入して良かったという「満足や安心を継続して感じられること」と、「自分は顧客として大切に思われている」と実感できることではないかと私は思っています。ですから、私のお客さまへのアフターサービスの基本は、そういう気持ちになっていただくためにはどうすべきか、というところにあります。

これはあくまで私の考えなので、皆さんはご自身の信念に基づくものでよいのです。ご自身なりの原点となる考え方を、まずは明確にしてください。そうすると方向性が見えてきますし、迷ったときはそこに立ち返ることでブレない思いが自分の中にできてきます。

次に考えることは、やみくもにアフターサービスに時間や労力をかけるわけにはいきませんから、普段、新契約受注や会議などの限られた時間の中で、どのような配分でアフターサービスに時間を取るか、時期やタイミング・頻度・予算など、自分に合ったものを選んでいくということがスタートになります。

あいさつ状一つ考えてもさまざまな種類があり、年賀状や暑中見舞いのはがき、誕生日カード、クリスマスカード、年末のカレンダー、お歳暮やお中元なども考えられます。しかし一番肝心なことは、毎年の継続を徹底することにあるのです。届いたり届かなかったりすると効果が半減し、逆に信頼を損なう可能性があります。また頻繁で多大なサービスが、かえってイメージを落とす原因になる場合もあります。昨年はお歳暮をくれたのに今年はなかった、となるのは、昨年と同じ保険料を支払い続けているお客さまにとってはマイナス印象となる場合もあります。多過ぎず少な過ぎず適度な頻度で、また予算以上に心遣いが効果的に伝わるような工夫が肝心です。そして何より「継続」することがアフターサービスの命なのです。

私も初めのうちは、その感覚がよくわからず、いろいろなサービスを思いついてはその場限りで終わったり、誰かの個性的なサービスを見てまねしたりするようなところから始まり、最初は時間もお金もかかったうえにほとんどが徒労に終わりました。

そんな中で、凝り過ぎているものや労力や予算のかかるものより、むしろさりげないものであるほうが、私のキャラクターから考えるとふさわしいのではないか、と思うようになりました。
ですから、私が今継続しているのは、年末に卓上カレンダーを、年始に年賀状をお送りすることだけです。卓上カレンダーはクリスマス時期に合わせて、中に小さなクリスマスカードを入れています。カードは、名刺用の台紙としてもよく使われている「マルチカード（A4サイズ一枚で一〇枚分のカードが刷れます）」を利用し、自分でデザインして印刷しています。また年賀状も毎年自分でデザインをしています。自作のデザインであることが、私なりのささやかなこだわりです。

またクリスマスと年始という、時期として連続して到着することも工夫の一つで、お客さまには、この前カレンダーが来て、また年賀状も来た、という連続での印象を深めることを狙っています。その相乗効果はそれなりにあり、年賀状の返信をいただくことが多くなりました。昔の多大な労力や予算をかけたころよりもずっと効果を感じます。

そして「毎年カレンダー愛用しています」とか「いつもありがとう」といったメッセージを見ると、それがとてもうれしくて、だから続くのでしょう。自分自身も楽しめる、また自分のこだわりや思いを込められるような方法を編み出すことも継続を維持するには大事な要素なのです。

次に、ほかの方々が実行されている事例について、いくつか紹介します。

知人の先輩代理店さんに、年賀状は出さずにクリスマスカードを送っている人がいます。そのカードは当社にも毎年届き、最初の数年は意識しませんでしたが、四年、五年と続くと、この人は年賀状ではなくクリスマスカードを送ることにこだわっているんだと伝わるものがありました。毎年温かいイメージのデザインでほんわかと心に響くカードです。今では毎年楽しみに感じます。きっとお客さまたちも「また今年も来た」と印象深く感じるのではないでしょうか。

年賀状の文面を形式なものとせず、毎年練りに練ったこだわりのメッセージを載せているという人もいます。これも、毎年毎年続くことで、お客さまも「今年はどんなことが書かれているのか」と気にしたり楽しみにしたりするのではと感じます。また、独自の工夫を凝らした新聞や会報形式のニュースレターを毎年作成して送る、というようなひとひねりした方法を取っている人もいます。

ところで、たかが年賀状やカレンダーなどダイレクトメールに近いもので、どれほどの効果につながるのかという考え方をする人もいるかもしれません。たしかに、こうしたものがビジネス上どのように反映されるか明確な数値があるわけではありません。しかし、私のお客さまの中に「以前の保険の担当者は年賀状一枚送ってこなかった」という不満を述べた方がお二人います。お一人は世帯全部の保険を丸ごと変えるほどに年賀状一枚の恨みが大きかったようです。当社にとっては大変ありがたいことでしたが、私も内心（くれぐれも年賀状はちゃんと出そう！）と心に誓った出来事でした。そして、お客さまが私たちに求めているのは、そういうほんの少しの心遣いの継続である、ということをあらためて実感しました。

お客さまに「あなたのことを大切に思っていますよ」という思いを、さりげなく表現し、独自の工夫を加えて継続していく、その積み重ねが安心を与え信頼を得ることにつながります。皆さんも自分に合ったアフターサービスの方法をぜひ見つけ出してください。

ある先輩の話（実話）

ある日、お客様とのアポイント時間におくれそうになり
ピュ〜〜
自転車をぶっとばす先輩
ころんだ
がっしゃん
ひ〜いて〜よお
流血!!
ボロボロ
しかし、約束の時間が迫っていたので、そのまま行った……
ボロボロ
血まみれ
万一の時のため、保険は大切ですから!!
絶対
ギョッ!!
た、たしかに…

第3章

社員教育と新人の心構え

◆一　後輩や部下を教育する際の心構え◆

生保営業という仕事も中堅クラスになってくると、後輩や部下ができ、自分自身の営業の仕事だけでなく後輩の育成に携わる機会もあるかと思います。また読者の方の中には、育成や管理にかかわる立場の方もいることでしょう。

そこで今回は、後輩や部下を教育するときの心構えや注意点などについて、私の思うことを書きたいと思います。最初に私の経験談を紹介します。

私がこの業界に入って四～五年目、大手生保会社の営業職員をしていたころに、自分の営業と兼務する形で、後輩たちの指導育成を担当していた時期があります。

そのころの私は「上司や先輩たちのおかげで自分も成長できたのだから、今度はその恩返しとして後輩たちの育成に全力を尽くそう」というような、ちょっと青臭い使命感に燃えておりました。当時は、自分がここまでやってこられたのは、上司や先輩たちの手厚い指導や教育があってこそ、という思いが非常に強かったのです。しかし、先輩や上司に感謝の念を伝えると、ほとんどの人が、「自分は何もしてない。あなたが自分の力で勝手に成長した」というようなことを言っていました。あれほど献身的に育てようとしてくれたのにと、私は不思議な思いでした。きっと上司たちは謙遜（けんそん）しているのだろうと思っていました。

しかし、あとになって上司の言った意味が何となくわかりました。

実際に複数の後輩たちと接する中で実感したのですが、成長するスピードの速い人は、自ら学ぶ気持ちが強く、教えられるまで待っているということが少なくこちらのやることを見て勝手に吸収をしてくれるし、また質問があればどんどんぶつけてきます。こちらは、自らの営業ノウハウを見せたり、聞かれたことに答えればよいだけということになり、教える側にとっては、これは案外ラクだったのです。

また、そういう自力で育つ力のある人ほど、上司や先輩のちょっとしたアドバイスや指導に感謝したり喜んでくれたりする気持ちが強いように思います。こちらとすればたいしたことはしていないという感覚なのに、感謝されたり慕ってくれたりするので、教えている側でありながら、とてもありがたいような感覚がありました。

そして、最初に先輩たちが私に「あなたは勝手に成長した」と言ったのは、多分こういうことなのだろうと、知ることになりました。反対に、教えてもらうまで待っているタイプの人は、指導育成に非常に時間や労力を要することになり、それこそ献身的な思いがないと、とてもできない面がありました。またそういう人の生き残りの確率は非常に低いことも現実でした。

それでも何とか教えたい、という気持ちの強かった私は、「こんな自分でも何とかここまでやってこられたのだから、皆だってきっとできるはず」ということを後輩たちによく言っていました。しかし、人を育てるときに「自分にできたことがほかの人にもできる」と考えるのは大きな間違いであることをあとで学ぶことになりました。

私自身も献身的な指導育成をしているのに、多数の人が脱落するのを目に当たりにすることになり「こんなに一生懸命親切に教えてあげているのに、どうしてわかってくれないのか」と、そんな思いでした。あるとき、とても仲の良かった後輩から「あなたにはできることでも、私にはできない。私にはできないんです！」と涙ながらに訴えられたことがあります。自分にもできたからきっとあなたにもできる、と思って教えてきたことが、その後輩を追い詰めていたということに初めて気付き、今までの自分の指導は、根本的に間違っていたと痛感しました。

そんなわけで、私の初めての指導経験は、すべてが失敗と間違いという痛恨の経験になりました。自分があのときもっと上手に指導ができていたら、つぶさずにすんだ才能もあったのかもしれないと、いまだに苦渋の念にかられる思いです。

生命保険の営業という仕事は、誰にでもできる仕事ではありません。多数の人が途中で脱落し、生き残って成功できる人は現実的には限られています。この現実から目を背けていては、人の育成はできないと私は思います。

また、生き残っている自分には、生保営業で生き残るための何らかの非常に特殊な能力があったということを、おごりではなく事実として認識すべき、ということも思います。自分ができたことは、誰でもできることではないのです。だから、押し付けの指導教育は失敗するのです。

大切なのは、部下の中に眠っている、自分とは違う、その人なりの特殊な能力を、自ら引き出せるように仕向けることであり、自分のできたことを押し付けることではありません。

人の育成は大変に難しい、私自身もいまだに課題がありますが、しかしこの経験を通じて、私は部下や後輩が仕事で失敗や、うまくいかないことがあっても、それに腹を立てて叱る、ということをしなくなりました。押し付け指導をしていれば、思いどおりにいかないと腹も立ちますが、押し付けをしないと決意をしていると、怒る感覚にはならないからです。ただ、相手のために厳しいことを言うことはありますが、感情的に怒るということが、そもそも減りました。

もしも後輩や部下に、感情のままに日々怒鳴ったりしかったりしている、という方がいたら、その方は少し考え直してみてはいかがでしょうか。

それからもう一つ言えるのは、人を指導育成するということは、何よりも自分自身を成長させることになる、ということも知ってほしいということです。これだけはたしかな事実です。私自身も指導育成をする立場になったことをきっかけに、仕事の効率をはじめ自分の営業力自体がアップしました。

後輩や部下の育成に携わることで、自分の中の甘えを捨てる原動力になったり、後輩たちの見本にならなければと意識することで、それまで以上の力を発揮するきっかけになるからでしょう。

人を指導しているはずが、実際に一番学んだのは私自身だったのです。もしもこの経験をしていなかったら、あるいはその経験をする時期が遅れていたら、自分自身の成長も遅れることになったと思います。人を育てる経験は、とても貴重な経験であり、学ぶことは多大です。

もしも後輩ができたら、ぜひとも後輩の育成に積極的にかかわるよう意識していただければと思います。また、部下や後輩を少しでも早く成長させたいと思うなら、ほかの人の指導育成に携わる経験をさせることが近道になります。大切に思うあまりに囲い込んでジックリ育てようとしていたり、いつまでも半人前扱いをしていると、優秀な部下の成長を遅らせることになります。

◆二　教える能力◆

今回は、営業パーソンの指導育成、すなわち社員教育がテーマです。

読者の中には、新人の指導教育担当者や、管理職の方などもいると思いますが、こうした方々にとって「社員教育」は一番の課題ではないかと思います。私自身も一五年ほど前の大手生保営業職員時代、営業と兼務で新人の育成指導を担当した時期があります。また、独立してからは営業や事務スタッフなどの教育指導が必要な立場となりました。一応は教育担当の経験を持っていますが、過去の経験は己の未熟さを痛感するようなものばかりでした。社員教育は永遠のテーマかもしれません。

よく言われることですが、優秀で高い成績を挙げる営業パーソンが指導者としての能力も兼ね備えているとは限りません。そう考えると「教える能力」は、ほかの能力とは一線を画したまったく別のものと言えます。

「教える能力」はどのような努力をすれば向上するのか？　高い営業成績を挙げるのとは違う、別の工夫や努力が必要ですが、具体的にどうすればよいのか明確な答えがあるわけではありません。しかし先日、別の業界で後輩の指導を担当している人から、大変参考になる話を聞いたので紹介したいと思います。

その人は、自身が教育を担当している部下からとても好かれており人気があります。話を聞くたび、この人には「教える」ということに関して才能がある、と私自身も感じていました。

最初になるほどと思ったのは、「自分は学生のころ、学校の先生たちのことをよく観察していたと思う。それが今、非常に役立っている」という話です。学校の授業で、教え方が非常にうまい先生と、わかりにくい先生の違いはどこにあるのかということに、学生のころから常々興味を感じて観察していたと言うのです。「教える能力」の素質を持っている人は、教えることに人一倍興味を持っている、だからほかの人の教え方がどうであるかということに自然と着目しているのでしょう。ということは、つまり「他人の教え方に興味を持ち、よく観察してみる」ことが、教える能力を高めるためにすべき第一歩ではないでしょうか。

続いて、教え方がうまいと感じた先生たちの具体的な特徴をいくつか挙げてもらいました。たとえば、「先生が一方的に話すのではなく、生徒に実践をさせる時間を多く取っている」というのがありました。限られた時間の中で、実践する機会や時間をより多く作ることが効果的な教育であると学んだのでしょう。教えるのがうまい人は、経験を踏ませるように仕向けることが上手なのだと思います。

私が新人のころ、教育担当だった先輩もこれに当てはまる人でした。その人は非常に明るく楽しい人で、同行営業の道中いつも楽しい話をして爆笑することが多くありました。営業という仕事も初めての経験だった私にとって、本来は飛び込み営業自体、簡単にできるわけがないはずですが、先輩はとても楽しそうに見本を見せてくれては「ね、簡単でしょう？　ハイ次はあなたよ」と私の背中をどんどん押して実践経験の機会を作り、私はその波に乗せられていつのまにか、現場での経験を数多く積むことになりました。

また本人が自然に現場経験を積むために必要なことに、たとえ未熟でも思い切ってチャレンジすることを推奨する体制や、失敗を恐れずに伸び伸びと仕事ができるような環境を維持する、という職場全体のマインド（精神）的要素が必要だと思います。大手保険会社などではしっかりとできているところが多いですが、個々の保険代理店などではこうした点を今一度振り返ることも必要だと思います。

続いての学校の先生の特徴は「授業の内容が理解できない生徒に対しても指導をあきらめず、根気よく教えようとする」です。教える能力の高い人は、教えることに対して強い情熱や熱い思いを持っています。何としても伝えたい、どうしても教えたい、そういう熱意が相手に伝わることで、教えられる側にも響くのでしょう。

また「生徒以上に一生懸命に努力し、汗をかき誰よりも頑張っていることが伝わってくる先生」とも言っていました。熱血先生をイメージさせる言葉です。やはり教える側の熱意がいかに重要であるかを実感させられます。ただ、それだけではなくて〝生徒にそう感じさせる〟ことも一つのポイントだと思います。部下に教える際に、手本としてまずは自ら汗をかき行動する姿を見せることに意味があるのではないでしょうか。どんなに口先で上手に伝えることができても、あるいは高い知識や経験値を持っていたとしても、それだけでは教えられる側の心を動かすことはできない。むしろ口下手でも経験不足でも、それでも一生懸命に汗して頑張る姿を見ることで、教えられる側にはより鮮明な印象となって伝わるのだと思います。

最後に、教え方がうまくない先生たちに共通することは何か？　と尋ねたところ、その人は少し考えてから「ほかの教師の悪口を言う」と言っていました。ちょっと予想外の回答で驚きました。しかしよくよく思い出してみると、私の学生時代の先生の中にもほかの先生の指導方法を批判する先生がいました。その先生は「自分の教え方がうまい」と言いたかったようですが、「昔は良かったのかもしれないが、今は時代遅れではないか」と疑問を感じた思い出があります。

「教える」という仕事は、常に教える相手が変わったり、同じ人でも日々成長し変わっていくという、変化するものが相手の仕事です。ですから、この教え方がベストという到達点はなく、それは常に変化していくものなのではないでしょうか。永遠に努力と成長を必要とする仕事であると実感すること、それが「教える能力」を高めるうえで重要な心掛けではないかと思いました。

思い返すと、学校の先生たちの姿には「教える」ということについて、ほかにも学ぶものが多くあるように思います。皆さんにも学生時代の先生たちの中で強い印象を残している思い出の先生がいるのではないでしょうか。時には学生時代を振り返って、当時の先生たちの思いや情熱を思い出してみてください。そこに「教える」ことのヒントがたくさんあるように思います。

◆三　新人育成の基本は、顧客第一主義の精神を育むこと◆

毎年恒例の仕事で、現役の営業職員さんたちをインタビューする機会があります。皆さん営業現場で活躍されている優秀な人たちで、非常に前向きで愛社精神も強く、また、お客さまを大切に思い、向上心も旺盛と、お話をうかがっていて私も明るい気持ちになります。

お話の半分は、そうした前向きな内容ですが、業界への問題提起や現場ならではの鋭いご意見なども多数うかがってきました。その中で、特に気になることがありました。

それは、お客さまにふさわしい保障内容と、会社側が求める理想的な保障内容の商品とのギャップが非常に大きいということでした。特に、新人に対し、会社にとって理想的な高額保障商品を最初から売らせようとすることに対して、「間違っているのではないか」というご意見が複数の方から出てきました。

このお話から、自分の新人時代のことを思い出しました。

新人のころ、契約が取れそうになったので、習ったばかりの理想的なセールストークを思い描き、保障が充実満載の高額保険を設計しようとして、育成担当の先輩から「お客さまの収入を考慮して、もっと小型の商品に変えるべき」とアドバイスを受け、困惑した思い出があります。そして、この先輩のアドバイスで、新人だった私は、会社の言う「数字、目標」という成績主義の思考と、「お客さまのためを考える」という思考が、実は対極にあるらしいということに気が付きました。

保険業界人にとっては、当たり前の現実かもしれませんが、ほかの業界では、これはなじみの薄い感覚ではないでしょうか。一般的な商品の場合、高価な商品を買うと、価格の高さの分だけ顧客の満足度も高くなります。たとえば、高級な車を買ったら、それだけ満足感を得られますし、ステータスのようなものを感じて嬉しい気持ちにもなるでしょう。しかし、保険のように無形の商品の場合、高額商品を買ったから満足するというような感覚は、せいぜい数か月程度しか持たないのではないでしょうか。保険とはそういう商品なのだということを、新人のころに実感し、驚いたことを覚えています。

おかげで、早い段階で〝成績重視だけではダメなんだ……〟という感覚を持つことになりました。今思うと、私を担当してくださったその育成担当の先輩のアドバイスは、とてもありがたいものだったと感じます。その人がいたから、私は今でも保険業界に残っているのかもしれません。なぜなら、最初から飛ばして高額商品を売った新人たちは、長く続かなかったという現実を目の当たりにしたからです。当たり前のことですが、あらためて、顧客のことを第一に考えることの大切さを知ってほしいと思います。

インタビューをさせていただいた営業職員さんたちも、皆さんがこの点を強く主張されていました。何より、優秀な皆さん自身が、高額商品に走らず顧客にふさわしい商品を提案することにこだわっている点が、保険会社を超えて共通していたことに、感銘を受ける心境になりました。

生き残る人とは、顧客第一主義を貫いた人たちなのだと、心から実感させられました。こうした、顧客第一主義にこだわる発想を新人当初から指導教育することこそ、新人を成長させるための道だということを、特に育成指導にかかわる方々には、あらためて考えていただきたいと思います。事実、生き残っている優秀な人たちは皆さんそういう発想を持っているからです。

そのためには、顧客に必要な保障を正しく知るための知識や技術をきちんと育成指導することが大切であり、そこに指導者の指導者たる道があるように思います。

ところで、こうした育成面の問題は、育成担当者の評価基準に原因がある、とのご意見もうかがいました。担当する新人の業績が育成担当の評価基準に直結するため、とりあえず新人に目先の数字を上げさせることに走りやすくなり、それが新人をつぶしてしまう結果になるとのことです。

ただ、お話をうかがっていて、この点に改善の糸口があるようにも感じました。育成担当をされている方々の苦労に報いるように評価基準を工夫するなど、道はあるように思います。人を育てる仕事は、とても大変ですが、一方で本当に有意義な仕事だと思います。私を育成指導してくださった先輩も、無知な私をとても根気よく育ててくれたと、今でも思い出すたび胸が熱くなるほど感謝の念に堪えません。

いつかそう思ってくれる新人を育てることに、新人を育てる仕事の大いなる意義があることを、ぜひ忘れないでいただきたいと思います。

◆四　新人が早く成長する方法◆

私が新人のころ、優秀な先輩が周りに多くいました。「いつか自分もそうなりたい、どうしたらそのようになれるのだろうか?」と常々考えていました。

そこで今回は新人向けに、保険の営業パーソンとして、どうしたらほかの人より早く成長するのか、ということについて考えてみます。そして、そのための、誰でもできる簡単な方法を紹介したいと思います。

まずは、最も手っ取り早く自分を成長させる方法からお知らせします。

それは「後輩を指導する」ということです。どういうことかというと、誰しも後輩の前では普段の自分よりも少し背伸びをして、頑張ろうと無意識に思います。そうするといつも以上に勇気が出たり行動的になれたりする、後輩を指導するということは、そういう環境に自分の身を置くということです。後輩を指導することで、先輩と一緒のときはつい頼ってしまうというような、そういう甘い考えを一気に捨て去る非常によい機会になります。

たとえ新人の方でも、自分より少しでもあとに入社した人がいたら、もう先輩なのです。一緒に同行営業をしたり、なるべく後輩にかかわる機会を増やすようにしましょう。それが後輩のためにもなり、自分のためにもなるからです。

また後輩の面倒をみることで、後輩と仲良くなって友情が生まれたり、職場のチームワーク向上にもつながるわけですから一石二鳥です。

私自身も、後輩たちを指導や教育する業務をした結果、後輩よりも自分自身が格段に成長した、という実感がありました。また、後輩と同行するときは先輩風を吹かせて背伸びしカッコつけておりましたが、先輩と同行するときは、反対に甘えまくってラクをしておりました。

時にはそんなメリハリも悪くはないのかもしれませんが、おかげで私はかなり遅咲きでした。ですから、いつまでも先輩に頼らず、早く自立するほうが成長は早いということを知っておいてください。

さて次の方法ですが、それは「新人のうちは、知り合いや親戚の契約は取らない」ということです。

新人時代は、白地開拓や飛び込み営業などの、営業の基本を学ぶ絶好の機会です。初めて会った人とどのように信頼関係を構築していくのか、実体験を通じて学べる貴重な時期ですから有意義に活用してほしいのです。

新人のときにこれをやらずして、営業パーソンとしての大成はあり得ません。最初の一年でこれをやった人とそうでない人の差は、一年後に顕著となります。目先の数字を追うと、基本的な営業活動を怠ることになり、結果として仕事を続けられなくなります。

私は新人時代、かなりのんびり仕事をしていたタイプですが、それでも、知り合いや親戚が近くにいなかったため、白地開拓のための活動時間がそれなりに取れていました。おかげで一年後には、いつのまにかたくさんの見込み客リストを抱えることとなりました。そしてだんだんと、知り合いから保険を取って成績を出していた同期の人たちと、成績が逆転していくことになりました。また白地からの見込み客リストは長きにわたって貴重な財産となり、困ったときはそのリストを一から眺めるということをよくやっていました。

誰しも一年を過ぎると必然的に保全やクロージングに追われるようになり、白地開拓や飛び込み営業をする時間が取れなくなります。ですから最初の一年が勝負ということを知っておいてください。

また、非常に優秀な成績を挙げ続けていた先輩から、今でも毎月一回飛び込み営業をする日というのを作っていると聞いたことがあります。新人以外の方も参考にしてください。

次の方法は「成功体験を人に話す」ということです。

契約が取れたことはもちろんですが、お客さまと仲良くなれた、頑張ってねと言ってもらえたなど、営業の仕事をして少しでもうれしいことがあったときは、なるべく人に話してうれしい気持ちを増幅させ自分に染みこませることです。同僚や家族に「今日、こんなことがあった」と話すだけでいいので非常に簡単です。

「人に話す」ということは、勉強でいうところの「復習」と同じで、自分自身に、より強く印象付けるという効果を生みます。実は、上司に営業活動報告をしたり、営業日報を書くことはこれと同じ効果があるのですが、単に人に話すだけと考えるほうが気が楽なので、私はそちらをお勧めします。

また同僚やご家族と仕事のことを話題にするときには、どうせなら愚痴や不満や悪口よりも、うれしかったことを話題にするほうが自分のためにもなり、みんなも明るい気持ちになれますから、普段から心掛けるようにしてください。

いかがでしょうか。どれも簡単な方法ではありますが、それでも、決意を持ったり意識して心掛けないとできないことでもあります。その決意を今持つことが大切です。ぜひすぐに実行に移してください。そして、新人の皆さんに心からエールを贈りたいと思います。

◆五　飛び込み営業は新鮮◆

先日、かなり久しぶりに飛び込み営業（に近い経験）をしました。

そして、昔、飛び込み営業をたくさんしていたころの感覚を思い出し、懐かしく新鮮な気持ちを味わいました。そこで今回は、飛び込み営業の意義について、あらためて考えてみたいと思います。

先日の営業経験とは、もともと過去に保険営業以外で取引のあったクライアントでした。しかし、三年前に担当部署の皆さんが全員、異動や退職をしたため、取引が途絶えたままになっていた企業で、「今、近くに来ているのであいさつだけさせてください」と電話をして、無理やり訪問をしたというのが経緯です。

都心の高層ビルにオフィスがある大手企業なので、通常はアポイントなしで訪問することはあり得ないでしょうから、私からの突然の申し出に、電話に出た方は明らかに戸惑っていました。しかし「あいさつだけしてすぐ帰りますから」という私の勢いに折れて、渋々了解をしてくれました。

実際にうかがってみると、新しい担当部署の方が数人出て来られて、過去に私が担当していた仕事の一部を確認していただくことになりました。その結果、次の仕事へつなげることができたのです。

新しい担当の方々には「まさかアポイントなしで来られるとは本当に驚きました」と苦笑されましたが、私も「久しぶりに飛び込み営業した気分になり、ドキドキしました」と正直に打ち明けたことで、話が盛り上がりました。そのため、初めてお会いしたその日に一気に距離感が縮まることになり、うれしい体験となりました。

帰り道、たまには飛び込み営業をしてみるものだなと実感し、新人時代のことを思い返すことになったわけです。

今から約二七年前、私は生保営業職員として初めて保険業界に足を踏み入れました。それまで営業という仕事は一度も経験がなく、前職の広告業界では、営業がスタープレーヤーのように脚光を浴びていたため、「そんなにすごい仕事なら一度自分でもやってみたいな」という、かなり単純な動機だったのです。

初めて営業に出たころは先輩に同行し、一般宅や企業などを次々に飛び込み訪問する現場を見せてもらいました。当時は、無知で営業未経験だったことが幸いして、こういう仕事の方法があるんだという好奇心や興味のほうが上回り、営業が大変だという感覚があまりありませんでした。

また同行してくれた先輩が道中、自身の新人時代の営業経験談を、面白おかしく話してくれ、「飛び込みはなんだか楽しいな」という印象さえ持ったのです。

先輩が話してくれた経験談とは、訪問直前に自転車で転倒し、膝から血を流しながらうかがったら、お客さまが「たしかに万一の備えは大切よね」と笑いながら〝赤チン〟を塗ってくれたという話や、新人同士のチームで営業をしていたとき、いつも不在の家の前で二人でアンパンを食べながら待ち続けて「私たち、張り込みしている刑事みたいだね」と話したこと、また、同じチームで飛び込み営業をしていたとき、社名を聞かれたものの緊張のあまり二人とも社名が思い出せなくなり、口ごもっていると、書類にあった会社のマークを見たお客さまが笑いながら教えてくれたという話、そのお客さまがその場で契約をしてくださってびっくり仰天したこと、そして二人は最初、先輩たちに「ヤジキタコンビ」と呼ばれていたのに、契約を取り出すと「ビューティ・ペア」と呼ばれるようになったという話など、大変楽しいお話ばかりでした（昔、ヤジさんとキタさんによる「弥次喜多道中記」というコメディー映画があったそうです。ビューティ・ペアとは、当時一世を風靡（ふうび）したアイドル女子プロレスラーコンビの名前です）。

そんな笑い話を聞いたおかげで、私は、飛び込み営業への抵抗をさほど感じないまま、新人時代の特に入社してから二〜三か月の間、飛び込み営業をしまくることになりました。そして、この時期に出会ったお客さまは、その後、長い間、私の一番のファンになってくださった方々でもありました。

もし、私が入社してすぐに友人や知人からの新契約取得で忙しい状態になっていたら、白地開拓の経験が不足することになり、いずれ見込み客が減って、長く仕事をすることが難しくなったでしょう。実際にそういう人を多数見てきました。それだけ新人時代の白地開拓の経験値は、将来を決める重要なポイントだったと感じます。

もちろん良いことだけではなく、「飛び込み営業に本当に意味があるのだろうか？」と悩んだときもあります。

無駄な時間を過ごしているような気がして、やる気を失いかけていたある日、「あなたが日々飛び込み営業をして、楽しそうにしたり、時にはしょんぼりしている様子をうちの二階の窓からずっと見ていた。それで保険に入るときはあなたから、と決めていた」という人が現れたときは、衝撃でした。

こうした経験によって、顧客はその人が仕事を続けられるかどうかを見守っているのだということ、また飛び込み営業とは継続に意味があるのだということを思い知ったのです。

さて、そんな懐かしい二七年前の経験を久しぶりに思い出し、今回、思い切って電話や訪問ができたのは、新人時代の経験があったからだと、あらためて実感した次第です。

皆さんもこの機会に、飛び込み営業や白地開拓の価値を見直してみませんか。初めての顧客を訪問するときの「勇気」、それは営業の基本ではないかと思います。新人はもちろん、ベテランにとっても、久しぶりの飛び込み営業は新鮮な発見をもたらしてくれるのでおススメです。

第4章

悩むことは成功のモト

◆一　悪い先輩の価値◆

営業パーソンの方から時々悩み相談を受けることがあります。

営業という仕事には、悩みや葛藤（かっとう）が付きものかもしれません。私自身も新人や中堅のときに、多数の難問や悩みにぶつかり、そのたびに試行錯誤しながら乗り越えてきました。

何の悩みもなく順風満帆に仕事ができれば日々楽しいかもしれませんが、そのままで成長や成功に到達することはできないものです。むしろ、いろいろと悩み、試行錯誤の過程を経ることが、営業パーソンとして成功するために必要であると実感していることです。

今、悩みや迷いがある方は、その経験が成功のために必要な過程であるということをぜひ意識していただければと思います。

さて、悩み相談を受ける中で、時々、上司や先輩の指導などに対しての不平不満を耳にすることがあります。新人のときは特に教育や指導をしてくれる上司がお手本となりますので、こうした方々に不満を感じてしまうことは仕事へのやる気そのものが減退する要因となります。私自身も過去に、上司に反発したり先輩とトラブルになった経験がありますので、それがとても重い悩みとなってしまう気持ちは本当によくわかります。

しかし、よく考えてみてください。

理想的な上司のお手本も、理想的ではない人のお手本も、良い意味でも悪い意味でも、それはやっぱり手本として重要なものではないでしょうか。もしも疑問を感じるのなら、では自分が将来先輩になったときには、後輩にどのように指導すればわかりやすくて後輩のやる気を引き出すことができるのだろうか、ということを考えるきっかけとなるからです。

また先輩の営業手法を見る機会を多く得ることも、良い例、悪い例ともに自分にとって必ずプラスとなります。良い指導を受け良い手本を見ているだけでは、営業の側面しか見ていないことになります。物事には必ず表と裏があり、裏側を知らずして本当にベストなものを習得することはできないものです。

新人にとっては、大好きで尊敬する上司や先輩も、また疑問を感じる先輩も、両方が身近にいることが一番理想的な環境と言えます。また時が過ぎて振り返ったとき、自分に大きな影響を及ぼした人は、尊敬する上司や先輩よりも、むしろ疑問を感じるほうの人たちだったのではないかと、私は今そう思っています。

また職場の中で、みんな仲が良く、楽しく仕事ができるという環境ならば、それはたしかに幸せなことかもしれません。しかし、会社のみんなが円満で仲良しであることが、必ずしも好成績を上げることにつながるとは限らない、という現実があります。

私自身の経験をお話しすると、以前に、所属した営業所内でメンバーが一時的に、ベテラン層と新人・中堅層の二手に分かれて仲たがいをする、という環境になったことがあります。

先輩たちは、成績が伸び出して調子に乗っている私や中堅層の人に苦言を呈したかったのだと思いますが、当時の私は、そういうベテランの方々の心理に思い至るにはまだ未熟過ぎました。一時的なこととは言え、そのときは社内にギスギスとした空気が漂い、職場の雰囲気が非常に悪くなりました。

しかし二派に分かれたことによって相手側に対抗心を燃やすことになり、相手に負けたくないという心理から、双方ともに成績を上げることになりました。私自身も、そのときが一番働いたのではないかと思うものがあります。なにしろ、まだ社歴四～五年の自分が、一〇年以上のベテランクラスの方々に絶対に負けたくないと、そのときは本気で思い込み、必死に全力を出したからです。

今となっては身のほど知らずも甚だしい無謀な挑戦をしたものだと自分でも思いますが、しかし、たとえ無謀でも、本気でやれると思い込んで全力を出すという経験はとても貴重なものだったと感じています。実際に私はそのときに成績が伸びたからです。また、自分でもやればできるかもしれないと思えたことで、さらなるステップアップへのきっかけにもなりました。

ですから、私を成長させたのは、仲の良かった仲間や尊敬する上司の方々以上に、敵対してぶつかった、あのときには〝悪い先輩〟だと思えた人たちだったと私は感じています。本当は、全然悪くなかった、素晴らしい先輩に恵まれていたのです。それに気が付かず、当時の諸先輩たちには、本当に申しわけない思いと感謝の思いで一杯です。足を向けて寝られないとも思っています。

また、「会社は仕事をする場であり〝仲良しクラブ〟ではない」という言葉を聞いたことがあります。仲良く平和であることと、仕事で成功することはイコールではありません。悪い見本だと思える人や、また悔しさから、あの人を超えてみせると思えるような存在の人、ライバルとしてぶつかる人、そういう人たちがいてこそ成長のきっかけになることが多々あるのです。

ところで、親子関係においても両親（特に父親）が、頭脳明晰（めいせき）・スポーツ万能・人柄も良いというような親の元に育つ子ども（特に男子）は、成長が遅くなると教育心理学の面で言われています。最初から乗り越えようもない絶対的存在の人が見本として身近にいると、人は挑戦することをあきらめるからなのだそうです。なかなか深い意味のあることのように感じます。

大好きな上司や先輩よりも、不満を感じるような人こそが、あなたを成長させてくれる人ということをぜひ意識してください。そして、そういう人に対抗して全力で挑戦すべきです。

また指導担当の方やベテランの皆さまには、無謀で生意気な後輩がいると頭にくることも多々あるかとは思いますが、できれば少しだけ割り引いて見てあげてください。また挑戦してくる後輩には、実力で差を見せてやっていただければと思います。それが、その人のためになるからです。

◆二　説明できない直感◆

仕事をする中で、自分は「これが正しい」と思っても、周囲に理解してもらえないことがありませんか？　私は、過去に何度も経験があります。

二〇年前、大手生保会社の営業職員となりこの業界に入りましたが、その六年後に退職。それから一年余り、保険業界から離れて出版系の小さな会社で営業を経験しました。短い期間でしたが、その会社の皆さんにはとてもかわいがっていただき、今でも感謝しています。しかし、その会社の文化や価値観に染まりきれなかった、少し苦い思い出もあります。

当時、ある企業にプレゼンに行き、仕事が取れそうな段階になって、自社の経営者からストップがかかったことがあります。その理由は、発注の条件として価格を下げる必要があったことで

「利幅が少ない」つまり経営リスク回避のために、受注を断ってくるようにと言われたのです。しかし、そのとき私は社長に反発して「この仕事をどうしても取る」と主張し続けました。このクライアントが継続的な優良顧客になるという絶対的な確信があり、この仕事を今逃すべきではないという直感が働いたのです。

しかし、その理由を問われても当時の私はうまく説明できません。顧客の社風や自社との相性が多分良い、顧客が求められるものに私なら応えられる、ワクワク感がある――というような理論とは言い難いものでした。ですから説明をすればするほど、まるで自分の目先の営業数字がほしくて駄々をこねているようにしか取られず、それでも私が頑として譲らないので、社長が根負けして「仕方がないからイイよ」というような具合で、許可が出ることになりました。

その顧客との取引は、私がその会社を退社してからも一〇年以上継続して定期業務の依頼が入る重要クライアントの一つになっています。もちろん後任の人たちの営業努力あってのことですが、私の中では、当然の結果という思いがあります。

でも、その会社の人たちは、私の当時の判断が、今を予想してのものだとはいまだに誰も思っていないでしょう。私自身も、その会社の中にわかり合えない壁を感じて、結果として一年で保険業界に舞い戻る決断をすることになりました。

その後、独立起業し、保険代理店業務と同時に複数の業務を同時進行で行うことになり、多くの人たちとチームを組んだり協業する機会がありましたが、その中でも何度か同じような体験をしました。

自分の中で「この仕事を今やるべき」という直感が働くと、その理由を周囲にうまく説明できないまま、強行突破することが多々ありました。反対に、このビジネスは必ずもうかるから一緒にやろう、協力してほしい、という説得を受けても、自分の直感が働かずに、かたくなに拒否したことも少なくありません。ですから、私は気まぐれでわがまま勝手な人と映ったかもしれません。自分でも、自分の中に何か「説明できない判断基準」のようなものがあるように感じていました。

しかし人は本来、自分で見たり聞いたり経験したりして知り得た情報によって、物事を考えたり判断したりしているのであって、自分の知らないことで判断できるはずはありません。「直感」とは、自分の経験値と複数の情報から総合的に判断しているものです。しかし、それを正確に記憶して計算しているのではなく、何か一気に答えが出るような直感または勘（かん）に近い感覚になるのです。

さて、今回お伝えしたいことは二つあります。

一つ目は、私と同じように、自分の判断基準が周囲に理解してもらえないと思っている人に、もしもその判断が自分で確信できるものであるなら、努力の継続によって結果と信用は必ず後から付いてくる、ということです。

ただし、当時の私は説明をしたり伝える努力をするという根気に欠けていて、どうせ後でわかるだろうと、強行突破ばかりしていましたが、これは間違いだったと思っています。わかり合う努力、伝える努力をぜひ諦めないでください。私も最近は年齢を重ね、少しは角が取れたせいか、寛容になったことで理解し合える人の範囲が大きく広がりました。するともっと仕事が楽しく、幸せを感じるようになりました。

二つ目は、こうした判断基準について、どこかわかり合えない壁を最初から感じる人たちとの仕事は、長くは続けられないということです。たとえば新入社員が、理由がよくわからずに早々に辞めてしまった場合、こうした壁のようなもの（＝根本的な価値観の違い）をどこかで感じていたのだと思います。こうした壁は、誰が悪いわけではありませんが、容易には越えられないものであるように思います。私が一年勤めたその会社の皆さんも、とてもお世話になり感謝していますが、わかり合えない「壁」が早い段階で見えていました。そうなると、そこには長くはとどまれないのです。自分の居場所がないからです。

少人数の組織では、トップである社長の価値観が、その会社の価値観そのものになります。これと合致できる人は生き残り、壁を感じる人は去っていくでしょう。小規模な組織ならば、理解し合える仲間だけが集うアットホームな会社となるかもしれませんが、組織を大きくしたいなら、経営者やトップの人ほど、自分の見えない壁の高さを下げなければ、人は続かないのです。最後に、「直感」とは、心の声でもあるように思います。判断を迷うときでも、答えは最初から自分の中にあります。その声が直感的なものであればあるほど、自分の経験則と情報によって総合判断した、より真実に近い判断なのです。迷ったときは、心の声に耳をすませてみましょう。情報が氾濫する時代だからこそ、そういう感性をぜひ見失わないでください。

◆三　素直になれない◆

仕事を覚え、一歩でも速く成長していくために「素直さ」はとても大きな要素です。ビジネス書などでも「素直であること」の重要性が書かれていますし、特に新人は、多くの知識や情報を受け入れることが成長のために欠かせません。自分の意見や考えは少しだけ横に置いても、まずは他人の意見を受け入れる素直さが必要であることは、理屈では誰もが知っています。

今回は、この「素直」の重要性について考えてみます。

素直になれない人……。これは新人時代の私です。

新人のころ、指導を担当する上司から「もっと素直になりなさい」という指摘をたびたび受けていました。上司が「こうすればもっとうまくいく」と教えてくれたことをそのまま鵜呑みにすることに、抵抗感があり「でも」、「だって」と持論を展開したがる傾向がありました。いろいろ教えようとしている上司や先輩にとって、持論や反論を返す私は、さぞかし不快な後輩であったろうと思います。今となっては思い出すたびに冷や汗が出るほど、当時の上司の方々には非常に申しわけない心境になります。

素直になれない人は、人を不快にさせるため、誰も意見してくれなくなる。素直でないことで受ける一番の不利益はそこにあります。

しかし、素直であることは大切だと理屈では十分にわかっていても、それでも素直になれなかった理由は「その方法が本当に正しいかどうかをもっと知りたい、納得したい」気持ちが強かったからです。自分としては、素直でないわけではないし、反抗しているのでもなく、「わかるように説明してほしい」だけなのです。すると上司は「理屈をこねる前に、まずは言われたとおりにやってみなさい、やってみてから反論しなさい」と言います。しかし、何も考えずにやってみることが本当に良いのだろうか？　という疑問がどうしても拭えませんでした。

私がかろうじて上司の方々に見捨てられずにすんだのは、納得さえすれば即座に行動に移す、ある面では素直な部分も持ち合わせていたことだったように思います。そして、それ以上に私の指導に当たった方々が非常に情熱を持って、根気よく私の指導をしてくださったという、恵まれた環境にあったことが大きかったのだと今は思います。

素直になれない人の未来は、指導育成にかかわった人によって大きく左右されると実感しています。自分のような素直ではない新人や後輩の指導に当たる方々には、願わくば、どうか見捨てないで指導育成を続けてほしいと心よりお願いする次第です。私のように一〇年以上過ぎてからそのありがたみを実感する人間もおります。

また、私のように素直ではないタイプの人に時々出会うことがあります。自分と共通する〝何か〟を察知し親しみを感じます。しかし、多くの人が周りに理解されずに苦労していたり、なかには本当に迷惑な存在になっている人もいます。人のことと客観的に見えるせいか、そういう人の問題点を見ると他人事とは思えず、非常に胸が痛くなります。周りに理解されない孤独や失意だけが大きくなり、本来の実力を発揮できずにいる人を見ると非常にはがゆいです。

こうした方々に伝えたいのは、自分の素直ではない性質が周りを不快にしてしまうことはもちろん、その性質があるがゆえに背負うリスクが非常に大きいということを、まずは知っておくべきということです。そのうえで、自分の意志を貫く覚悟があるなら、自ら信じる道を突き進むことを、私は良いと思うし、そうすべきであるとも思います。ただし、他人の言うことで自分が共感できることがあるなら、誰よりも素早く行動して実行に移す覚悟も持ってください。そこを強くアピールしないと、あなたを理解する人が少なくなるからです。

それでも、諦めないでほしいのです。同じ悩みを抱えて葛藤しながら自分の歩く道を模索している人は、あなただけではありません。自分の仕事への姿勢を自らの足で探し進むことは悪いことではなく、ちゃんと自分の道を見つけられるならば正しいのです。ぜひ、結果を出すべく強い意志で貫いてください。そしていつか、自分と似た道を歩く後輩たちを応援できる人になってください。それが、私を含む、素直になれなかった人の使命でもあると思います。

◆四　無知の知のススメ◆

哲学者ソクラテスの言葉に「無知の知」というものがあります。「真の知に至る出発点は、己の無知を自覚することにある」という解釈が一般的です（諸説あり）。

生命保険の営業をするうえで、専門知識を学んだり、効果的な営業ノウハウを身に付けるために日々実践を積み重ねていくのは当然のことですが、知識を深めようと努力をしても、完璧な知識を会得するのは現実問題として限界があります。

生命保険に関連する社会保障制度や税金に関する法律を、すべてもらさず知っている人がどのぐらいいるでしょうか。私も、知っていたはずの社会保障制度が、いつの間にか法改正で変わっていて驚くことがたびたびありますし、数値や数式まで全部頭に入っているかと言えば答えはノーです。

また日本で営業を行っている生命保険会社の全商品の仕組みや特性、メリットやデメリットはどうでしょうか。多くの商品を取り扱う大手乗合代理店なら知る機会もあるでしょうが、そうでない人にとっては、とても覚えきれないのではないでしょうか。

今回は、保険の専門家でも知らないことは当然あるという現実をどのように受け止め、どのようにお客さまに表現するべきなのかを考えてみたいと思います。

生命保険は、顧客それぞれに異なる必要保障額を正しく算出することが必要な商品ですから、万一の時の保障額の計算はもちろんのこと、住宅ローンの組み方、職場独自の福利厚生や保障、将来の退職金、持っている資産や相続に関する税務など、多方面にわたる情報がかかわってきます。つまり、金融・税金・相続・法律などの高度な専門情報が必要となります。

こうした分野にはそれぞれに専門家がいます。どれも高度な専門分野ですから、普通の人が全部を覚えるというのは無理があります。もちろん、情報や知識を身に付けるべく日々勉強している人はたくさんいるでしょう。しかし一人の人間ができることには限界があります。私も、いくら勉強を頑張っても追いつかないジレンマを感じた時期もあります。

ではどうするべきか。周りの営業パーソンを見ているうちに「自分の知らないこと、できないことが何であるかを知っておくことが大切」ではないかと考えるようになりました。生命保険のように顧客と長期的にかかわる商品を取り扱っている以上、知らないのに知っているかのように振る舞っていると、いつかボロが出て信頼を失うリスクが高まることも学びました。

私もこうしたことを意識するようになってからは、知らないことは知らないとハッキリ言うことを心掛けるようになりました。その方が長い目で見て顧客の信頼を得やすいこともわかりました。

そもそも、これだけ多岐にわたる専門知識ですから、全部知らなくても恥ずべきことでも隠すことでもないのです。大切なのは、自分が何を知っていて、何を知らないかを明確にすることにあります。そして自分に不足する知識や覚えきれない情報は、誰に聞けばわかるか、どこの何を調べればわかるのかということをシッカリと把握しておくことが一番大切です。顧客に質問されて答えられないことがあっても、知らないということを伝えて、すぐに調べて翌日に回答すればいいのです。それが堂々とできるようになることがプロへのステップではないかと思います。

ところで無知の基準とは何なのでしょう。今、自分が見聞きし、経験していることも非常に短い時代の狭い範囲の中のことでしかありません。世界の広さ、人類の長い歴史を考えると、場所と時間が少しでも違えば常識は非常識になり、きょうの知識人は明日の無知人にもなります。ですから、その差はほとんどないように思います。

ソクラテスの「無知の知」は、無知であることよりも、無知であることに気付かないことのほうが、どれほどマイナスであるかを伝えたかったのではないでしょうか。

◆五　めげるな、くさるな◆

先日、長年の顧客でもある経営者Aさんを訪ねた際に、壁に「めげるな、くさるな」と書かれた標語のポスターのようなものが貼ってあるのを目にしました。Aさんは普段非常に強気なタイプの方なので、思わず「Aさんでも、めげたりくさったりすることあるんですか?」と、笑いながら尋ねてみました。

Aさんは、直接の社員を持たない一人社長ですが、多くの人と組んで仕事をこなし、事務所は常に留守状態。現場を飛び回っている人です。

Aさんが私の顧客になったのは二〇年以上前。私が初めて営業をスタートした二日目に偶然飛び込み営業したのが知り合うきっかけです。当時新人だった私は、資料を見せても、質問されるたびに何も答えられず、会社に戻って法人契約の仕組みや税務処理について上司に一つひとつ教えてもらい、次の日に回答を持ってうかがっても、さらに質問されるとまた答えられずに宿題を持ち帰る、そんな状態でした。そんな日々が一年ほど続いたある日、突然大型の経営者保険への加入が決まり、自分でも非常に驚いたという思い出があります。

今でも生保・損保など多数の契約をいただいていて、更新手続きなどで年に一～二回お目にかかる程度ですが、気が付けばあれから二〇年です。これだけ長くなると、勝手知ったるなんとやら、顧客というよりも親しい先輩のような存在かもしれません。

そんな親しい人ということもあり「めげるな、くさるな」の文字に思わず笑ってしまった私ですが、Aさんは「俺だってめげそうになるときもある」とぶっきらぼうに笑いながら、次のような話しをされました。

Aさんの仕事は常にライバルとの競合で、取った取られたの世界です。ライバルは大手企業のため、常に分が悪い状態でもあります。大手企業のメリットは大手ならではの「信用」ですが、対するAさんのメリットは長年の実績とコスト面、そして多くの専門業者の人脈を駆使して仕事をこなすスタイルです。大きな仕事でもこなせるだけの専門家たちとのチームワークができあがっています。年間何度も見積りやプレゼンをしていますが、契約が決まる確率は一〇分の一以下とのことです。

毎回、一生懸命に見積書や資料を作っても、結局ダメだったとガッカリすることの繰り返し。大きな仕事のときほど準備に多大な時間を要するので、契約が取れないとその分ショックも大きいそうです。

その気持ち、本当によくわかるなぁと実感しながら聞きました。生命保険の営業パーソンも、日々まったく同じことの繰り返しですよね。毎日のように、断られてめげそうになる気持ちを味わっている、その連続です。

そしてAさんは「めげそうになる気持ちをいかに切り替え、失敗を次に生かす糧にできるかどうか、また何度心が折れそうになっても、くさらず立ち直る心を持てるかどうかで、仕事も人生も決まるんじゃないかと思う」と言っていました。

生命保険の営業だけが辛いわけではなく、どんな仕事においてもこういうことは同じだとつくづく感じます。すぐに諦めてしまったり、プライドだけ高く失敗には非常に弱かったり、そういう人を見ると、もったいないないと感じます。あと少し踏ん張る勇気があれば人生さえも好転していきます。

野球のイチロー選手が四千本安打達成を果たしたときも、「四千のヒットを打つには八千回以上は悔しい思いをしてきている、それと常に向き合ってきた」とコメントしていました。成功するためには、どれだけの失敗と向き合ってきたか、それで決まるように思います。

生命保険の営業という仕事は、強い精神を鍛える機会が非常に多く、自然と身に付きやすい――そう考えると私たちは得なのかもしれません。私も若いころは心の弱い人間でしたが、この仕事をしてきたおかげで、工夫を重ねながら今では非常に強くなった自分を感じています。

契約が思うように取れないときや、仕事で失敗をしたとき、心が折れそうになったときでも、「めげるな、くさるな」の精神で、失敗と向き合い、次に生かす強さを養ってほしいと思います。

◆六　厳しい時代を生き残れる人は、何が違うのか◆

保険業界は、数年前と比べても非常に厳しい時代になっています。少子化で顧客数自体が減少しているのはもちろん、一世帯当たりの年間保険料平均も下がっています。単価が落ち、手数料率も落ち、競争も規制も厳しくなり……と、生き残るためのハードルが次々に高くなっていくようで、未来を見失いそうになります。

そんな中で、生き残って新しい時代へ進むために必要なものとは何なのでしょうか。先日、そのヒントとなるような話をうかがったので紹介したいと思います。

私は時々、地元にあるネイルサロンに行きます。そのお店は一〇年以上前に経営者の女性がご自身で独立開業されました。以来、不景気やリーマンショック時期なども乗り越えて安定運営しているることに、とても感心させられます。私のように年に数回程度しか行かないような顧客でも、忘れることなく対応してくれる点も素晴らしいと感じます。技術も非常に高く、顧客サービスも文句なし。まさにプロフェッショナルだと感じさせる要素を持っている人です。

ネイリストと言えば若い女性に人気の職種。ネイリストになりたいと思う若い女性は多数いるし、そのための専門学校やスクールもあります。

しかし、その中でプロとして生き残るのは本当にごくわずかです。まして、個人で独立を果たし、その後も安定的にお店を運営継続できるような人はめったにいない世界。はっきり言って、保険業界よりも何倍も生き残りが難しい業界です。

その彼女に、こんなに生き残りの厳しい世界の中で独立したり成功したりする要素は何なのかと尋ねてみました。すると彼女は「それは、この仕事がとにかく好きなこと」と即答しました。技術やセンスは、訓練と勉強を続けることである程度の域に達することは誰しも可能ですが、結果としてこの仕事を継続できる人は、技術や努力以上に「とにかくネイルが楽しくてしょうがないと感じる人、この仕事が大好きでたまらない人ということに尽きる」と言っていました。

当たり前の基本ですが、心を揺さぶられる心境になりました。

ネイルという一見きらびやかに見える業界ですが、どんな仕事でも、その仕事にかける本気の思いがあってこそ成り立つということを実感させられました。

彼女は大学時代からネイルに非常に興味があったそうで、社会人（ＯＬ）になってもその興味が薄れることなく、ＯＬ歴一〇年でネイルの世界に入ったという遅咲きタイプとのこと。自分よりもずっと若い女性たちとともに修行時代を過ごし、経験を積んでから独立を果たしたそうです。彼女は今、高校生の息子さんがいるので、その息子さんが幼い時期に子育てしながら勉強や修行時代を過ごしていたことを思うと、どれほど大変であったかと思います。また、彼女が言うには、辞めていく人のほとんどが、技術的な問題ではなく、仕事のキツさや人間関係などの悩みが原因とのことです。

彼女の話を聞いて、プロの域に達するための要素に、早いか遅いかは関係ないことや、その仕事がどれだけ好きかという思いの強さにかかっていることをあらためて実感させられました。

そして彼女は「それは、多分、どんな仕事でも同じではないですか」と言っていました。私に対しても「保険業界も生き残りが厳しいと思いますが、それでも生き残っているのは、その仕事が大好きだからではないですか？」と言いました。

たしかにそのとおり。

私が彼女に好印象を持った理由は、自分とどこか共通するものを見たからかもしれません。

でも、ただこの仕事が好きなだけで本当に生き残れるものなのか、疑問もあるかもしれません。本来、ビジネスの世界で生き残るには、戦略的な発想や時代を見抜く感性、ビジネスの才能・才覚なども当然ながら必要でしょう。

しかし、「この仕事がとにかく大好きだ」という思いが足りなければ、どんなに素晴らしい知恵も技術も才能も生かし切ることはできないように思います。なぜなら、世の中そんなに甘くないからです。景気が悪いときもある、誰かにだまされたり裏切られたり、足元をすくわれたりすることもある。一生懸命やっても結果が出ないことだって普通ですし、いいことばかりが続くほうが珍しい、どの業界でもそれは同じです。

だからこそ、すべては「この仕事が大好き」という思いの強さにかかっているのです。大好きだから生き残るために誰よりも必死になり、その方法を知恵を絞って考え、行動に移す頻度が高くなり、何度心が折れる瞬間があっても乗り越え、経験値に変え、次のステップへ踏み出す力を作り出すことができるのは「好きでやっている仕事」だからではないでしょうか。

いつの時代でも、どんな業界でも、生き残れるか残れないかの違いは、実はそういうシンプルで当たり前の部分にあるということを再確認していただければと思います。

◆七　人脈ゼロからのスタート◆

人脈は財産、という言葉もあるように、ビジネスをしていくうえで〝人脈〟は非常に大切なものです。多くの人脈を持つことは、仕事上のプラスであるばかりか、人生そのものを有意義にする効果もあります。

その理由は、人と人とのつながりを大切に思う自分の気持ちが周りに伝わっていくことで、そこに共感する善き人々が集まってくるという相乗効果があるからかもしれません。

私自身も、今では人脈を多く持っていることで助けられたことやプラスになったことはたくさんありますが、実はこの業界に入ったばかりの二〇年以上前には、人脈は皆無の状態でした。

当時の私は、地方出身ということもあって身近なところには友人や知人が少ない状態でした。人脈らしい人脈がほとんどないまま保険営業という仕事を始めた当初、私とは正反対に、最初から多数の人脈を持つ人のことが、心底うらやましく見えたものです。

たとえば、親子代々同じ地域に住んでいるためご近所中の人と密接なかかわりがある人や、親族に経営者が複数いる人、幼なじみや同級生が身近に多数いる人などは、まずはそうしたところから契約を挙げていました。私はそうした人々を見ていてとてもうらやましく感じ、また、友人や知人の多い人に漠然とした憧れを抱くような心境にもなりました。

それにひきかえ、人脈ゼロの私は、すぐに契約に結び付きそうなものなど何もありません。そのため、必然的に、飛び込み営業などの「白地開拓」から仕事を始めることになりました。

しかも、営業という仕事自体が初めてでしたので、飛び込み営業で門前払いをされても、それが辛いという気持ちよりも、びっくりしたり、興味深く感じたりする気持ちのほうが先に立っていました。

あのころを振り返ると、あの無知さが新人のころの私の最大の強みだったと思えます。ですから比較的、スムーズに新人時代に営業活動の基本を積み重ねていくことになりました。

そして一～二年を過ぎたころ、私には多数の見込み客リストが構築されていましたが、最初に知人友人から契約を挙げた人たちは、反対に見込み客が少なくなっていました。目先の数字を上げることばかりに時間を取られ、基本的な営業活動を学ぶ機会を逸してしまったからでしょう。その結果、急激に成績が逆転していきました。

ちなみに新人時代の私は、それほど情熱的に仕事をしていたわけでもなく、どちらかというと、のんびりやっていたほうではないかと思います。仲間とサボったりした思い出もあります。そんなペースでも、最初から人脈を持つ人に比べれば、圧倒的に多くの白地開拓をする結果になっていたのです。

ですから、最初に人脈がなかったおかげで私は今でもこの業界で生き残れていると思っています。

そして、人脈を持つ人をうらやましく思い、自分にもあのような人脈があればと、憧れる心境になった経験があるからこそ、人脈を作る努力をしよう、人脈を大切にしようと強く意識することになりました。

その結果、十数年が過ぎるころには「人脈の広さが私の自慢」と言えるほどに、多彩な人とのつながりを持つようになっていました。これも、最初に人脈がゼロだったからこその結果でしょう。

ただ、多くの人と出会えば出会うほど、時に、人にだまされたり、振り回されたりというような痛い思いをすることもあります。

そうならないためには「自己責任」という意識が大切で、「トラブルは誰かのせいで起こるのではなく、自分のせいで起こる」という考えを常に持つことが重要です。何でも他人のせい、社会のせい、環境のせいと、自己責任意識が薄い人に善き人脈は集まってこないのです。

自分に責任を持つからこそ信頼されます。私も何度か失敗や反省を経て、そこに気が付きました。失敗も時には必要な経験です。失敗を恐れずに人脈作りにチャレンジすることが大切だと思います。

ところで、人脈の広さはある一定ラインを超えると、人脈が人脈を呼ぶような現象が起こりだして、自然に新しい人たちとの出会いが増えていきます。そのラインに到達するには一〇年ぐらいかかりますが、ぜひそこまで到達することを目指してください。

一〇年とは、長いようでいてあっという間ですから、今この時を大切に、目の前の出会い一つひとつを大切にすることから始めてください。

自分には人脈が少ないと悩んだり、不安に感じている人は、その思いこそがチャンスです。人脈ゼロからスタートして本当に良かったと、いつか思える日が来ますので、焦らず基本の営業活動を大切にしてください。

◆八　伸び悩む人の事例と解決方法◆

生命保険の営業は、基本的な活動方法や営業話法などを繰り返し学び習得することで、どんな人でも成功できる可能性のある仕事です。しかし、実際には決して簡単ではなく、離職者も少なくないというのが現実かもしれません。思うように成績が伸びずに悩んでいる、そういう人も少なくはないでしょう。

今回は、伸び悩んでいる人の具体的な事例を紹介しながら、解決方法について考えてみます。

私が指導担当をしていたときの後輩で、非常に真面目に地道に営業活動をしているにもかかわらず、なかなか成績が上がらない人がいました。人柄も印象も良い方でしたし、そのうえ、真面目で実直でしたから、多くのお客さまの信頼を得られそうなのに、どうして成績が上がらないのか。一度、同行営業をしてみましたが、まったく問題なくわかりやすい説明もきちんとできる人でした。

しかしある日、その原因がわかりました。それは彼女の「見込み客の選定」の仕方にありました。数か月間彼女を見ていてわかったのですが、彼女の見込み客のリストを見ると、毎月のように同じ人の名前が書かれているのです。彼女の見込み客とは「自分の話を聞いてくれる親切な人」だったのです。

こうした方々は「すぐには加入しないけれど、いつかニーズがあるときには加入してくれる人」という分類に入る顧客ということになります。見込み客ではなく、準見込み客、といったところでしょうか。

「見込み客」とは、早い段階で保険加入する可能性のある人のことを言います。いつか加入してくれるけれど、それは今ではない、という場合は、思い切って見込み客から外すべきです。もしも思い当たる方は、別の見込み客を増やす努力をすることをお勧めします。

次の人は、新人時代は非常に光り輝いて自信にあふれているように見えた人ですが、二年が過ぎるころから一気に成績が落ち、表情から自信も消えていき、ますます成績が上がらないという悪循環に陥っていました。

彼女には「過去に自分がどうやって契約を取っていたのか、自信があったころの自分自身を思い出してほしい」と話しました。すると「覚えていない」と言うのです。

彼女は、無意識のうちに自信にあふれていたということのようです。そのころの自分と今の自分の、何が違うのかを本人はまったく認識していないのです。

そこで、以前、好成績を挙げていたころの成功体験を、ゆっくりでいいので思い出して、私に話して聞かせるように言いました。すると彼女は、ゆっくり断片的に、契約が取れたときの喜びや感動の思い出を話してくれました。そして、次々と思い出してきたようで、最後のほうではうれしそうに語り出しました。

このように「成功体験を誰かに話す」という行為はとても重要な意味があるのだと思います。ただし人によっては、自慢話のようで抵抗があるという人もいるかもしれません。彼女もそういう謙虚な人でした。

でも「成功者は常に、成功する自分を思い描き、その姿を脳に刷り込む」と聞いたことがあります。成功体験は人に話すことで、脳に刷り込まれて次にも生かせる可能性が高くなります。学校で勉強をしたことを家でもう一度復習をするほうが身に付くのと同じです。

ですから、会社を挙げてこのような機会を作ることが大切です。たとえば、朝礼のときに順番に成功体験を発表する、というような方法でもいいと思います。私の場合は新人のころ、営業活動が終わって会社に帰ったときに、みんなでワイワイと成功談を話していた思い出があり、これが良かったのだろうと思っています。会社として、そういう空気を作ることも大切だと思います。会社に戻ったらシーンとしていて誰も会話しないよりも、和気あいあいとしているほうが、やりがいも倍増することでしょう。この機会に、今一度、会社の雰囲気を見直していただければと思います。

次の人は、法人営業に挑戦しても成績が上がらない、という人です。経営者に営業する際には、その経営者と共感できるものを見つけることが大切です。そして、経営者を理解することも必要です。

世の中の人には、社長は偉いとかお金持ちというようなイメージだけが先行していますが、実際の経営者は、誰よりも身を粉にして動き、会社をわが子のように思い、従業員を食べさせるために骨身を削っている、そんな人が大半です。また普通の人以上に自己犠牲の精神を持ち、使命感に燃えている人でもあります。左うちわでのんびりしている経営者などいない、ということです。

ですから、「社長だからお金持ちだろう」などというイメージだけで近づいても、信頼は得られません。ちやほやするだけでは見透かされます。むしろ、腹を割って本音で付き合える関係を目指すことが大切です。もしも、こうした方法が不得意だと感じる人は、もう少し様子を見ながらゆっくり技術を習得していくか、または切り替えて、個人顧客への営業に専念するのもいいと思います。法人営業は労力がかかりますので、急ぐ必要はありません。

いかがでしょうか。今回は三人の伸び悩む人の事例を紹介しましたが、一つでも明日からの仕事に生かしていただければと思います。

◆九　モチベーション維持の秘策とは？◆

営業という仕事において、強くやる気を感じていたり、元気で前向きな気持ちを維持できているかどうかというような「気持ち」の問題は、非常に重要なテーマです。

営業に限らず、多くの仕事が、結局は人間の「気持ち」によって、その結果が大きく左右されるものではないかと思います。

どんなに良い商品でも、売る人の「この素晴らしい商品をみんなに知ってもらいたい」という根底の思いが足りなければ、販売結果は半減するのではないでしょうか。

特に、私たちが取り扱う「保険」という目に見えない商品は、それを売る人の思いの強さが売上額にストレートに比例しやすい商品だと感じます。気分が落ち込んだり、やる気のないときにも、変わらずにいい営業結果を出し続けるのは、実際かなり困難ではないでしょうか。

ですから、この仕事をする以上は、なるべく気持ちを自分で盛り上げて気分よく取り組んだり、やる気をみなぎらせる時間を長く保ったりできるほうが、圧倒的に有利なわけです。

こうしたモチベーションを長く維持するには、さまざまな方法があると思います。たとえば、お客さまのお役に立つという使命感や目標を明確に持つこと、成功や成長したいと願う気持ちを持つことなど。そしてほかにも、仕事が楽しいことや、いい仕事仲間に囲まれているという環境もあるでしょう。

このようにプラスの要素というのは複数あるわけですが、この「複数」というのが、実は大事なのです。たとえば、お金をたくさん稼ぎたいという一つの目標のためにモチベーションを維持しようとしたとしましょう。一〜二年は高い結果を出せる可能性があります。短期間に急成長するには、一つの目標を強く持ってがむしゃらに頑張るほうがむしろ効果的です。

しかし、五年、一〇年続けるとなると、一つの目標だけでは維持できなくなります。なぜなら、どんなにお金が稼げていても、ほかの要素――職場の環境が悪いとか、ほかにもっといい商品があることを知ったとか、そういうマイナス要素が心を占めたとき、途端に気持ちが崩れるからです。

こうした方々を過去に何人か見たことがあります。その人たちは、最初は非常に燃えて仕事をしていましたが、ある日、ふと自分の仕事に疑問を感じ、一気にやる気を失ってしまいました。つまり、どのようなつまづきや迷いに陥ったとしても、なるべく早く元の気持ちに戻せることが重要なのです。そのためにも、最初から複数のプラス要因を思い描き、気持ちを盛り上げることを意識することが大切です。一つの要因が崩れても、ほかの要因が気持ちを支えてくれるからです。

では次に具体的に、どのような要素を持てばよいかというお話です。これは、過去にある文献を見たときになるほどと思いました。それは、「人が生きがいを感じるには、充実感・成長感・達成感・使命感・貢献感・存在感という六つのすべての要素が必要」というものです。この六つの感情につながる要素を、バランスよく持つことが大切なのです。

充実感は、いい仕事ができた後の満足感や、いい友人に恵まれた環境などにいることが要素となります。

成長感は、学びが多い環境にいる人が、より多く感じることになると思います。学ぶほどに知識が付き、現場経験を積むほど成長していく、その実感を持つことが大事です。

達成感は、設定した目標に到達したときに感じることができます。目標達成経験を数多く積み重ねていきましょう。

使命感は、社会のため、従業員のため、家族のため、誰かのため、そしてお客さまのためにという思いを持つことで得られます。

貢献感とは、誰かの役に立つということです。お客さまのお役に立ちたいという考えが根底に流れている保険業界人なら、きっとこの感情を持っているでしょう。

存在感は、自分自身を気にしてくれる人がいるということです。誰から見ても、いるのか、いないのか、わからないということにならないよう、普段から自己アピールを積極的にしたり、人とかかわったりすることが大切でしょう。

こうして、普段からこれらの複数の要因を持てるよう意識し、六つの要素がバランスよく自分に備わるように心掛けてください。そうすることで、困難にぶつかっても、また気持ちを立て直して一歩を踏み出せるからです。

モチベーションを維持できる人とは、常に二四時間ずっと高い気持ちを持ち続けているということではなく、波はあってても、なるべく早く元の元気な自分に戻していける、そのスピードやバランス感覚を持つ人ではないでしょうか。

この機会に、ご自身の心の支えになっているものがバランスよく備わっているのか、再確認していただければと思います。

◆一〇　トラブルも仕事のうち◆

以前、起業して五～六年目の友人から相談を受けました。それは、信頼していた仕事仲間から裏切られ、自分の悪い評判を立てられて、取り引き先から仕事を打ち切られてしまった、というような悩みでした。

その少し前までは、仕事が楽しいとイキイキとしていたのですが、急に仕事がうまくいかなくなったようです。

実は、その人について、いつかそういう日が来るのではないかという予感がしていました。駆け出しの経営者や営業パーソンが、初めはうまくいって、みんなに応援され、支持も受けていたのに、数年を過ぎるころからうまくいかなくなる――ということは、大概の人に起こることではないでしょうか。

私自身にも覚えがあります。

営業パーソンのころには、三～五年目にそういう時期が来ました。起業してからは、五～一〇年目あたりがその時期だったと思います。

その時期に、なぜか人間関係の摩擦に巻き込まれることが増えました。たとえば、先輩や同僚に仲間はずれにされたり、ありもしないうわさを流され信用を失いそうになったり、自分を利用しようとする人にだまされかけたり、信頼していた人に裏切られたり、ある意味で「低次元なレベル」のことに振り回されることが増えました。

仕事に専念したくても、そんなことに心や時間を奪われて、腹立たしい心境にもなりました。

しかし、年月が経って振り返ると、後からついてくる後輩が同じ時期に似たようなことで悩む姿を見ることになり、これはみんなに起こることだと気付きました。

そしてそれは、営業パーソンであれば、中堅からプロフェッショナルへと成長する境目となり、また起業家にとっては、会社を継続するか、やめるかの判断の分かれ目の時期になるのだと思います。

新人や起業したばかりのころは、誰もが必死に頑張り、その姿を見て、周りの人も好意的に応援しようとしてくれるものです。

たとえば、新たなベンチャー企業や若手経営者が登場すると、最初は世の中から注目されて評価されたりしますよね。でも五年、一〇年と過ぎると、その企業が同じ結果を出していても、世の中の人は評価しなくなります。むしろ批判する人や足を引っ張る人が登場したりする、それが世の常なのです。

つまり、最初の時期にうまくいっていたのは、周りの応援と好意的な目があったからで、それが本当の実力ではないということです。

人から嫉妬されたり裏切りに遭うことは、普通に起こり得ることです。なぜなら、私たちはみんな、神様でも天使でもなく、人間だからです。

ですから、最初からそういうことを防ぐ対策をしたり、時にはレベルの低い争いでも避けずに向き合うことも含め、それも仕事のうちと考えるべきなのです。それができてこそ、プロフェッショナルになれるわけです。

実際に、ベテランのプロの人たちをよく見てください。たとえトラブルに巻き込まれたとしても、結果をきちんと出しています。それが〝プロ〟というものです。

相談を受けた友人にも、そのことを少し遠まわしながら伝えました。友人は、自分だけではないということを知って少しは元気になったようでしたが、しかし数年後に、起業家を辞めて会社員に戻りました。

会社の一員としてぶつかる壁を登るときは、見守ってくれたり支えてくれる仲間がいますが、経営者の場合は孤独な道になるので、向き不向きもあるのかもしれません。

ところで、私自身の場合は、営業パーソン時代はその壁を乗り切れず、会社を辞めることになりました。当時の私はまだ若く、未熟で弱かったと思います。頑張り過ぎて心が折れてしまった、今思っても情けなく、心の痛くなる思い出です。でもそれが起業へとつながったので、〝結果オーライ〟なのかもしれません。

起業後の道も甘くはなく、特に起業後、五〜一〇年の時期はさまざまなトラブルに巻き込まれました。でも、悩みつつも何とか乗り切ることができて、一〇年を過ぎるころからは、そうしたトラブルがぐっと減ったように思います。それは経験を積んだことで、事前の対策が取れるようになったからだと思います。

今は起業一八年超になりますが、ごくたまに起きる仕事のトラブルに対しても、ストレスが半減しました。以前はもっと落ち込んだり、腹が立ったりしたものでしたが……。年の功もあるのでしょうね。

今、もしもさまざまな壁にぶつかり、悩んでいる人がいたら、トラブルも仕事のうちだということをぜひ知っていただきたいと思います。最初のころのように、ただ一生懸命に仕事を頑張ればそれだけで結果が出る時期は、残念ながらいつまでも続きません。しかし、それはプロになるために通る道でもあります。ぜひ乗り越えて、進んでいただきたいと思います。

◆一一　仕事と子育ての両立は甘くない◆

生命保険の営業をしている人の中には、頑張っている女性が数多くいます。子育てをしながら働いている人も多いことでしょう。私もその一人ですが、この二〇年超は、仕事と子育ての両立にチャレンジし続けた歳月でもありました。

今回は、子育てしながら働く女性に向けたアドバイスと、子育て中の女性を雇用する側に求められることに触れてみたいと思います。

保険業界は、社会に先駆けて女性の活躍の場を早くから設けてきた、ある意味先進的な業界です。他業界で働く経験がある私にとって、子どもが熱を出して会社を休むときに頭を下げたり、上司に迷惑顔をされた経験は少なくありません。それが保険業界では、迷惑顔どころか「大変ですね、お大事に」と、常に親切な言葉をかけられ、感謝で一杯の思いをしました。

今では子育て中の女性でも働きやすい社会であるべき、という考え方が広まりつつありますが、まだ理想論だけが先行して現実問題に踏み込んでいないようにも感じます。

客観的に言えば、仕事に全力を注ごうと思えば子育てに影響を及ぼし、子育てに力を注ぐと仕事にかける時間や労力が減る――これは紛れもない現実です。両方に全力を注ごうとしても無理が生じます。仕事と子育ての両立は甘い道ではありません。実際にどのような問題が生じるのか。解決のためのコツを、子どもの成長段階とともに順を追ってみます。

小さい子どもは、順番に病気にかかるため、〝仕事を突然休む〟事態が頻繁に起こることは避けられません。そのときに、替わりに子どもの面倒をみてくれる人がいる環境にある人と、そうでない人とでは、同じ働く母親であっても働く条件が天と地ほど異なります。ですから双方を同じ土俵に並べて、仕事と子育ての両立を語れるものではありません。特に誰も替わりがいない環境にある働く母親の負担は相当に大きいものがあります。その現実を本人が一番理解しておかないと、いつか心身ともに限界が来て両立が難しくなります。

そもそも、子どもが病気のときに会社に行きたいと感じる人もいれば、仕事を休みたいと思う人、どちらもいるでしょう。どちらが正しいかの答えはありません。決めるのは母親それぞれの価値観によるものだからです。ちなみに私は、子どもが体調が悪いときには子どもを優先する立場でした。その状態で会社に行っても、結果的に仕事に専念しきれなかったからです。子どものためというより、母親である私自身の価値観が最も大きな問題でした。この先、社会の認識や制度が変わっても、最後は、生活環境と母親本人の価値観で働き方が決まるというのは、忘れてはいけないことだと思います。

子どもが小さい時期の両立のコツは、自分自身で納得がいく仕事と子育てのバランスのラインがどこにあるかを認識することです。もっと働きたいのに働けないのか、本当は休みたいのに休めないのか、そのどちらであっても、仕事・子育て両方にマイナス影響となり両立に失敗します。そうならないために、周りの人に自分の希望を明確に伝え根気を持って理解を求めることや、時には頭を下げて人の助けを求める勇気を持つこともポイントです。私も、最初は一人で何でもやろうと頑張りましたが、限界があることを実感して素直に人の助けを請うようにしました。こうした心掛けは、仕事面でも役に立ちます。仕事の多くは複数人で協力し合ってこそ良い結果が得られるものだからです。

小学生から中学生前半までは比較的仕事がしやすい時期です。キャリアアップを目指すのもこの時期が最適でしょう。学校行事や部活動の当番など親の出番は多々ありますが、何とか工夫しながら乗り切ったとして、その次の思春期や高校受験期に入ると、またも苦労が多くなります。子どもにとっては一生を左右する大切なときですから、親の役目は大きく、この時期だけは子どもを最優先にすべきだと私は思います。多くの母親たちが、子どもと仕事のどちらを選ぶのか？

という悩みに直面するのは、子どもが小さいときよりむしろこの時期です。そんなときに、仕事で出世や大役を引き受けるチャンスが巡ってきた場合はどうすべきか。「その答えは自分の中にある」のです。本当は自分はどうしたいのかを見極めることが後悔のない道です。

続いて高校から大学への時期は、高額な教育費対策が一番のテーマかもしれません。そのために働くことがいやおうなく必要となるので、私も一番必死に働いた時期です。忙しい日々の中、子どものために唯一頑張ったのはお弁当作りでした。この時期は子どものために継続することを何か一つでも決めて実行するのがコツかもしれません。それが自分の心の支えとなり、両立につながる気がします。

二〇年以上が過ぎて私が思うのは、真の両立とは「自分が両立できていると実感できる道を歩くこと」です。仕事と子育て両立の定義は一つではありません。自分の価値観を認識して、納得できる方針に沿って努力と工夫を続けることが鍵だと思います。それが明確で揺るぎないものであれば、たとえ仕事のチャンスを逃すことがあったとしても、また次のチャンスが必ずやってきます。

企業側にとっても真の両立は甘い道ではないでしょう。子育て中の女性を採用する企業側に今後求められるのは、人それぞれに違う生活環境があり、働き方にもさまざまな価値観があるということを広く受け入れることではないでしょうか。それに、誰しも子どものころがあり、皆が社会に守られ生きてきたのです。思い切って発想を変え「突然休んでもまったく問題なし！　そんなときこそみんなで喜んでサポートするのが当社のモットーです」というぐらいの心意気と、そのための体制作りができるような企業が増えてほしい、というのが私の願いです。

第5章

顧客サービスと営業の原点

◆一　顧客サービスの側面◆

現在、日本の多くの大学では、授業科目の一つとして「キャリアデザイン」または「キャリア開発」と呼ばれる科目を取り入れています。中には必須科目としている大学もありますし、キャリアデザイン学部という専門学部を置く大学もあります。

私は以前、都内の大学で数年間、このキャリアデザイン講座の担当講師をしていたことがあります。担当したのは、各業界研究を行うという目的で一〇種類以上の業界に分かれたゼミ形式に近いスタイルで行う授業で、その中の金融業界研究（保険・銀行・証券など）クラスを受け持ちました。ちなみに、ほかにも広告・接客・ＩＴ・製造・商社・環境・福祉・幼児教育など、さまざまな業界の研究を行うクラスがありました。

その授業の中で、生徒が発表したことに顧客サービスの意義を感じさせるエピソードがあり、今回はそれを紹介したいと思います。

その前に、キャリアデザインという授業について簡単に説明をしておきます。キャリアデザインとは、大きな意味では「人生における仕事（キャリア）に費やす部分を構想する」ことを意味していきます。仕事をするうえで、どのような心構えが必要か、あるいは自分に合った仕事選びとは何か、働く意義とは――といった理論的なことから、ビジネスモデルを作る演習や地域企業との連携による実習や見学、職業の種類や各業界の研究、就職活動に役立つマナーや一般常識、エントリーシートの書き方、面接の受け方、コミュニケーション能力や表現力といった実際の就職活動に役立つことを含めたカリキュラムを数年かけて学びます。キャリアデザインという科目の目的は「自分に合った仕事探し」と「就職支援」ということになります。

自分たちの時代では、こうしたことは社会に出て仕事を覚えながら学ぶことでしたが、今は学生のうちから学ぶ時代になったということなのでしょう。実際に働く前に理論的なことから、現場体験や業界研究をすることで、社会に出る前に自分に合った仕事を探すヒントを学べるのですから、非常に意味のある授業だと感じます。

一方、いざ働いてから「自分には、この仕事は合ってないのではないか。ほかにもっと合った仕事があるのではないか」という判断や選択ができることで、離職率が高くなる傾向もあるかもしれません。企業側にとっては、新卒者が夢や希望を感じるような職場作りの責務が重くなったということでもあります。現状では、企業側がこうした学生の環境の変化に追いついていない一面もあるように感じています。

さて、話を元に戻します。

授業の中で時々、人前での発表などの演習を目的に、皆の前で一分間スピーチを行ったことがありました。お題は「仕事や働くことに関連すること」でした。このときの一人の学生の発表内容が非常に印象的だったのです。その学生（女子）は、見た目にとても可愛い子でしたが、なぜか普段から笑顔が少なく、そのせいで印象を落としている面がありました。

発表の冒頭に、自分に笑顔が少ないことを今まで多数の人に指摘され本人も長く悩んできたと、説明がありました。しかし、一年前から遊園地のお化け屋敷の入口で入場者に注意事項などを案内するアルバイトをするようになったそうです。すると上司から「お客さまにお化け屋敷を楽しんでいただくために、無表情で淡々と説明をしたり、からかったり騒いだりするお客さまにも落ち着いた対応を取れることが大切だが、あなたはそれがきちんとできている。お客さまに良いサービスを提供している」と、非常に褒められてうれしかったのだそうです。今までどんなアルバイトをしても、もっと笑顔を作らないと顧客に失礼であると言われ続けてきたのに、初めて、自分らしさを生かして人に喜んでもらえる仕事ができたことに、無上の喜びを感じたというお話でした。

この学生は発表をするときも淡々としていて、ほかの学生たちに比べ群を抜いて落ち着きがあり、サービス業の経験があるため言葉遣いも非常に丁寧で適切、そこに無表情で美人ということもあいまってか、独特の空気をかもし出していました。

お化け屋敷に入る前に彼女の説明を聞いたら、きっと恐怖が増幅されて顧客はお化け屋敷を何倍も楽しむことができるだろうと私も感じました。

お客さまに好印象を持ってもらうために、笑顔や第一印象を大切にするという一般常識を覆し、あえて笑顔を作らない顧客サービスもあるという内容に、顧客サービスの本当の意義がどこにあるのか、ということを考えさせられました。

また彼女は最後に、「これまでは無理に笑顔を作ることに抵抗を感じたこともあった。でも、お客さまに喜んでもらえることに心からの喜びややりがいを実感したことで、今後も笑顔を作るだけの表面的なサービスではなく、お客さまに本当に喜んでいただくための心からのサービスをしたい。そのためにも、不得意分野を克服していきたい」ということを述べ、ほかの学生たちから拍手喝采を浴びました。

学生たちに、「すごーい！」と褒められて照れくさそうに笑った彼女の表情が愛らしく、「笑うと超カワイイじゃ～ん！」と言われて、授業もかなり盛り上がることになりました。学生というのは本当に、真っすぐで素直で素晴らしいと思います。

顧客サービスというと「お客さまに喜んでいただくためにどうすべきなのか」という視点から考えがちですが、サービスを提供する側が「お客さまに喜んでいただくことを非常にうれしく感じながら、サービスを提供しているのか」ということが根底になければ、真のサービスには到達できないのではないでしょうか。

時には自分の日々の仕事を振り返って、〝お客さまに喜んでいただくことに、自分は純粋な喜びを感じているのか？〟と自分に問い直すことも大切であるように思います。

◆二　自己満足の顧客サービスは真のサービスではない◆

生命保険の営業をしていて、自分の顧客を大切に思う気持ちは誰もが持っていると思います。大切なお客さまのためにできる限りのことをしたい——多くの営業パーソンが感じることでしょう。しかし、〝できる限りのこと〟を最大限にすることが、本当の顧客サービスとなるのでしょうか？

今回は真の顧客サービスとは何か、私が体験したことを書きたいと思います。

私の顧客の中で最高齢の人は八〇歳の女性（Aさん）です。Aさんとは、一〇年以上のお付き合いとなりました。「ご年配の方には親切にしたい」という思いもあり、Aさんのことはことさら大切に思ってきました。Aさんは、とても元気でしっかりとしている人ですが、高齢ということもあり、少しでも不安になると休日でも、深夜でも、正月でもすぐに電話をかけてきました。Ａさんの電話には常に快く対応するように努めてきました。Ａさんが私の両親と年齢が近いこともあり、半分は親孝行的な心境もあったかもしれません。

そんなお付き合いが一〇年近く続いたある日、大クレームの電話がかかってきました。知り合いの人らしきほかの保険営業パーソンから、私から加入した保険内容をことごとく否定されたらしいのです。すべてが勘違いや誤解でしたが、その営業パーソンからの「ほかを否定する安易な営業」によって、彼女がどれほどの不安やショックを感じたかを想像すると胸が痛くなります。

営業パーソンの中には、自分が取り扱っていない保険会社の商品を全否定してお客さまを不安にさせ、それが正義だと勘違いしているような人も少なからずいるようです。そのような営業やセールストークは間違っています。でも、そのこと以上に、Ａさんから暴言に近い苦情を延々と聞かされたことに、私は非常にショックを受けました。休日の深夜の電話でした。悲しさや虚しさや怒りが入り混じり、私は動揺しました。

しかし、後で冷静に考えたとき、自分がそれだけショックを受けたのは、彼女に対して「これまであんなに親切にしてあげてきたのに」という思いがあったからだと自己分析しました。

「～してあげているのに……」そんな押し付けの親切が本当の顧客サービスと言えるのか――考えさせられました。彼女の思い込みや不安を解消するために自分は何をすべきなのか。

それは、ほかの顧客と等しく接し、頭を下げるべきことは下げるけれど、相手に非があることはハッキリと伝える、という基本に戻ることだと思いました。その後、必要と思われる資料をそろえて送ったり、必要なことを説明したり、それなりの時間はかかりましたが、粛々と自分がすべきことをして、しかし必要以上のことはせず、高齢だからの特別扱いもやめて、仕事としての対応のみを心掛けるようにしました。「今後は、電話は営業時間内だけに」ということも伝えました。

それから数日後。

営業時間内にその人から「ごめんなさい」という電話がありました。誤解が解けたようです。さらにご家族からもお詫びをいただきました。

この経験で「自己満足の顧客サービスをして、サービスしている気になっていた」ということを痛感させられました。顧客の役に立つことの意義や使命をもう一度考え直そうと思いました。「～してあげている」という気持ちが少しでもあるなら、それは自己満足でしかなく、真の顧客サービスではありません。人間は「自分は誰かの役に立っている」という実感を持つことに満足や幸福を感じる習性があります。他者を思いやる心、それは人類の偉大な特性かもしれませんが、だからこそ、その思いだけが先行して盲目的になってはいけないのです。

真の顧客サービスとは、「どの顧客にも等しく継続して提供し続けられるもの」でなければいけません。それがプロとしての道だということを再認識しました。

◆三　医療保険は必要か？◆

（二〇一三年一月一三日掲載）

「良い保険」、「必要な保険」の定義は、保険の専門家でもそれぞれに意見が分かれる場合があります。その中でも、特に近年この傾向が最も顕著に感じるのは「医療保険」です。医療保険ほど意見が真っ向から分かれるものはないような気がします。

医療保険に関する考え方は、「必要である」という人と、「不要である」という人の大きく二つの意見に分かれます。

ただし細かい点まで見ると、必要派であっても、収入や貯蓄や職業など環境によっては少額でもよい場合がある、という意見もあります。また、不要派でも先進医療保障は必要、その特約を確保するために少額の医療保険ならよいというように、それぞれの基本的なスタンスは異なっていても、突き詰めるとある意味で共通しているようにも思います。しかし、根本の必要・不要という違いはどこからくるものなのでしょうか。

今回は、双方の考え方の違いの根拠とともに、私自身の意見を紹介したいと思います。

最初に自分の考えを述べておきますが、私は「医療保険は必要である」と考えています。その理由については後述するとして、先に医療保険不要派の人たちの意見について、その理由を挙げてみます。

医療保険は不要という意見の根拠として第一に挙げられるのは、「高額療養費制度（図表1・一九二頁参照）」です。これにより、一月当たり一定以上の医療費はかからず、さらには大企業など独自の健康保健組合や福利厚生制度により医療費の自己負担額をもっと低く抑えている場合もある――だから、医療保険に加入するよりも、その保険料分を貯金するほうが得である、というのが理由です。

そして、そう考える人は「自分もほかの人も、滅多なことでは入院しないだろう」という発想を持っているように感じます。滅多にしない入院のために保険料を支払い続けることへの疑問が根底にあってこその発想と言えるような気がします。不要という人には、ご自身に入院経験があるかどうかを聞いてみるといいかもしれません。また、前述したように先進医療への対策は必要であるから、その特約を確保するために最低限の医療保険に入るのがよいという意見もよく耳にします。

次に、医療保険必要派である私自身の考えは、医療保険が必要である最大の理由は「本当に入院した場合に実際にかかる費用」が医療費だけでは済まない現実が根拠になっています。

また普段、営業現場でお客さまから入院給付金請求手続きの依頼を受ける立場ですので、医療保険のおかげで助かった、良かったという声を数多く耳にしていることや、私自身も実際に入院や手術をした経験があり、そのときに医療保険のありがたみが身に染みる思いをしているので、より必要性を強く感じているのかもしれません。

それを医療保険不要派の方に言ったところ、「自分が入院したからといって顧客にそれを当てはめるのはおかしい」と反論を受けたのですが、しかし、実際に入院したときのことを考えずに医療保険の是非を問うほうが、そもそもおかしいと私は考えます。

という具合に、医療保険の是非は人によって意見が真二つとなる、客観的にみると興味深い現象です。

話を元に戻して、医療保険が必要な根拠のお話です。実際に入院したときにかかる費用はどれぐらいなのでしょうか。まずは高額療養費制度ですが、これが適用となるのは一か月間にかかった医療行為に関する費用であり、入院中の食事代や差額ベッド代は全額自費です。また一か月というのは一日から三一日までのことで、二つの月をまたがって入院したときは各月それぞれ別々の計算となります。同じ二週間入院した人でも、同月内での二週間と、二つの月をまたがっての二週間では医療費自体も倍違う可能性が出てきます。また、事前検査など外来でかかった医療費や、違う病院での医療費は、七〇歳未満の人の場合、入院時の医療費とは別にそれぞれ月二万一〇〇〇円を超えないと合算できません（二〇一八年一一月現在）。

そのほか入院に必要な物品費や入院中の生活費、自分や家族の交通費をはじめ、病人の世話のために家族が仕事を休む必要が生じたり、たとえば妻が入院すれば家族の外食が増えるなど留守中の家族の生活費がいつも以上にかかる場合もあります。こんな具合に、実際にかかる費用は高額療養制度が適用となる医療費以外にも、思った以上にかかるのが現実です。

その中で、最もその金額を左右するのは「差額ベッド代（図表2・一九三頁参照）」です。差額ベッド代の平均値は六一四四円（二〇一六年度）。地域差もありますが、たとえば都内の大学病院を一例に挙げると、四人部屋で三〇〇〇～八〇〇〇円、個室一万～二万円という金額です。各病院には差額ベッド代無料の病室も必ず備えられていますが、空いていない場合も少なくありません。ちなみに、私が二年前に入院したときも無料部屋は長期入院者が占めていて満員でした。また一五年前に救急で入院した際には個室しか空いておらず、急を要する症状でもあり、迷いましたが一定期間の個室入院を了承した思い出もあります。

そのほかの費用についても、たとえば手術後の専用靴下（エコノミー症候群防止用）や手術時に必要なものを病院側から指定され自費購入する必要があったり、また予想以上に高いと感じたのは「コインランドリー」と「テレビ」のプリペイドカード代。あまりに高いので、私はテレビを見ず、洗濯も乾燥機を使わずベッドの周りに洗濯物を干して同室の方々から珍しがられておりました。そんなかなりの節約入院をしても、かかった費用の合計は高額療養費制度適用後で四〇万を超えました（図表3・一九二頁参照）。個人的な感想ですが、ほかの患者さんは日々、お菓子やジュースを買い、時には病院内のレストランに行き、家族が毎日お見舞いに来て、もっと費用がかかっているのでは？　と感じました。短期入院など低額で済む場合ももちろんありますが、私のお客さまには前置胎盤と切迫早産で二か月入院した方や、心筋梗塞（こうそく）で三年間で四回入院している方もいます。当然もっとお金がかかったことでしょう。

では、医療保険は不要でその分を自費で貯めるべきという場合、いくら貯めておくべきでしょうか。二～三回の入院・手術に備えて一〇〇万円、それとも二〇〇万円でしょうか。その貯めたお金は入院に備えた「使えないお金」ということになりますし、数回大病をしたらそれでも足りないかもしれません。それよりも手術給付金や入院日額一万円以上の医療保険があるほうが、安心の度合いが違います。だから「医療保険は必要」というのが私の意見です。

ところで近年、手術給付金が一律低額化しているようですが、これを危ぶんでいます。手術を伴う場合、体への負担が多大となりますから、費用面だけでなく、仕事復帰に時間がかかり長期療養が必要となる可能性が高い現実を見過ごされているように感じます。今後、退院後の働けない期間の収入補償といった分野の保険がもっと必要になると感じます。

（図表１）高額療養費制度（70歳未満の方の区分）

所得区分	自己負担限度額	多数該当※2
①区分ア （標準報酬月額83万円以上の方） （報酬月額81万円以上の方）	252,600円＋（総医療費※1－842,000円）×1％	140,100円
②区分イ （標準報酬月額53万円～79万円の方） （報酬月額51万5千円以上～81万円未満の方	167,400円＋（総医療費※1－558,000円）×1％	93,000円
③区分ウ （標準報酬月額28万円～50万円の方） （報酬月額27万円以上～51万5千円未満の方）	80,100円＋（総医療費※1－267,000円）×1％	44,400円
④区分エ （標準報酬月額26万円以下の方） （報酬月額27万円未満の方）	57,600円	44,400円
⑤区分オ（低所得者） （被保険者が市区町村民税の非課税者等）	35,400円	24,600円

出典：協会けんぽWEBサイト（2019年２月現在）

※１　総医療費とは保険適用される診察費用の総額（10割）です。

※２　診療を受けた月以前の１年間に、３ヵ月以上の高額療養費の支給を受けた（限度額適用認定証を使用し、自己負担限度額を負担した場合も含む）場合には、４ヵ月目から「多数該当」となり、自己負担限度額がさらに軽減されます。

注）「区分ア」または「区分イ」に該当する場合、市区町村民税が非課税であっても、標準報酬月額での「区分ア」または「区分イ」の該当となります。

（図表３）20日間入院でかかった費用（約46万円）

医療費用(ふた月にまたがっての入院・高額療養費制度適用後)	約18万円
食費（病院食）	約 2万円
差額ベッド代	16万円
入院用品（寝巻・スリッパなど）	約 3万円
手術用品など	約 2万円
交通費・入院生活費など	約 2万円
家族の食費などいつもよりかかった分	約 3万円

（図表２）全国の差額ベッド代（日額）の割合

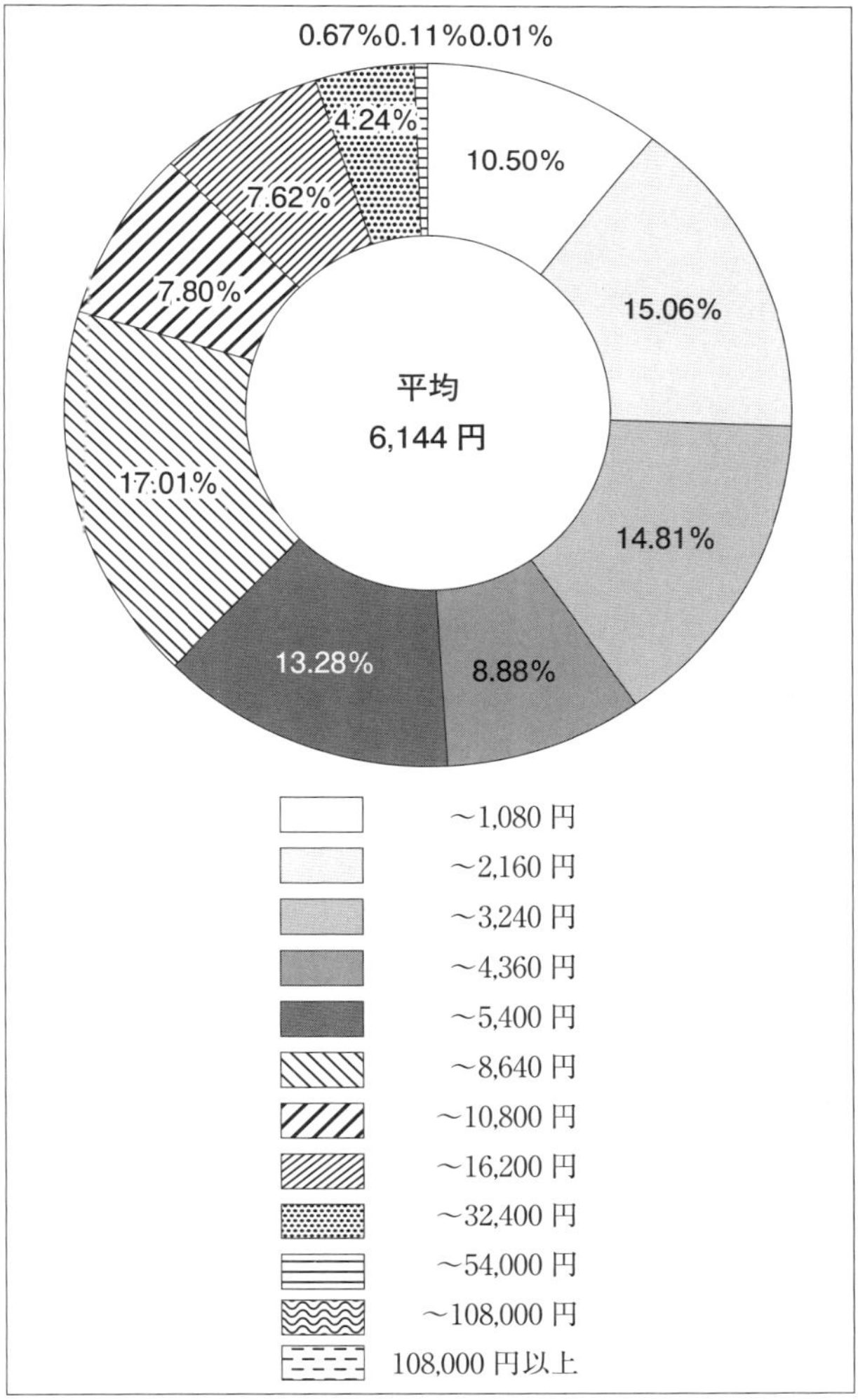

厚生労働省「主な選定療養に係る報告状況」（2018年11月報告）

以上のように、私自身は「医療保険は必要」という考えですが、しかし不要派の方にももっと奥深い確たるご意見があるものと思います。今後もいろいろな意見を聞いて追究や分析を行っていきたいです。

それにしても保険とは本当に奥が深い商品です。だからこそ興味深いのかもしれませんね。

◆四　営業の定義◆

今回は「営業の仕事」の定義について考えてみます。

新人のころ、営業とは単純に「モノを売り込む仕事」だと思っていました。自分が取り扱う商品をいかに魅力的に顧客に伝えられるかが営業の基本であると考えていたわけです。

しかし営業経験を積むうちに、そういう広義だけでは語り尽くせない何かが営業には必要なのだと感じるようになりました。

「商品の良し悪しやニーズとはまったく別次元のところで、この人（営業パーソン）からモノを買いたいと顧客に思ってもらえるような動機付けとなる何か」、それがなければ営業という仕事は成り立たないと感じます。どんなに良い商品でも、たとえ実際にニーズが発生していても、また営業パーソンがどんなに話が上手でも、それだけでは、営業という仕事を長く続けることはできないからです。これは、実際に営業現場に身を置く人にはある程度共感いただけることではないでしょうか。

では「動機付けとなる何か」――。その「何か」とは何であるかを考えてみます。

新人のころに同じ営業所にいた人の中で最も販売力のあった先輩は、事務的ミスを頻繁に繰り返し、顧客の元に書類の取り直しに何度も行っては、そのついでにもう一本契約を取ってきてしまうような人でした。ほかにもさまざまな先輩に同行した際に、商品の説明をほとんどしていないにもかかわらず、契約書に快くサインする顧客の姿を何度か見ています。さっきまでとりとめもなく世間話をしていたのに、いつの間にか顧客が何の躊躇（ちゅうちょ）もなく申込書に記入し始める様子を見て、魔法を見るような心境になりました。こうした先輩たちへの驚きは、私にとって本当に価値ある経験だったと思っています。なぜなら、そこに営業の本質があるからです。

そこには「この人からどうしてもモノを買いたい」という顧客側の強い心理が働くような現象が起こっていました。また先輩たちはそれを計算しているわけでもなく、ごく自然にそういう空気のようなモノを出していたと感じます。その空気のようなものが、営業に必要不可欠な要素ではないかと思います。

私も中堅になっていくにつれ、自然に先輩たちと似たようなことができるようになり、同じように自分の後輩を驚かせて、「先ほどのお客さまは、どうして急に契約をしてくれたのですか？」などと尋ねられたこともありました。

なぜなのか、当時は自分でもよくわからず、何となく～という感覚でしたが、今分析すると、顧客側が求めているモノを瞬時に理解し、自分がそれに合わせて反応することで、顧客を「この人からモノを買ってあげたい、どうしても買いたい」という心理へ傾けた、ということではないかと思います。

たとえば、私や皆さんが新人のころ、当時のお客さまたちは、まだ経験値も知識も不十分な新人に、なぜ契約を決断したのでしょうか。それは、そのお客さまが、新人を「応援したい」と思ってくださったからにほかなりません。それを自分が逆の立場になってみたときに実感しました。何かの飛び込み営業で事務所に来た新卒営業パーソンの未熟ながらも健気な姿に、何かしてあげたいと思うのはごく自然な人間の感情です。そこには商品の良し悪しもニーズも関係なく、ただ「この人のために」という理由だけが購買意欲に火をつけているわけです。

もちろん、こういう瞬間的な心理変化だけでモノを買った場合には、後悔することも多く、長期商品である保険の営業にはプラスなことばかりではありませんが、それでも、モノを買うという大きな決断をする要因としては非常に効果があります。モノを買う動機となるものには「応援したい」という気持ち以外にも、「この人なら安心」、「この人は私の理解者だ」、「この人は信用できそう」など、いくつかあると思いますが、これらは商品力とは別のものであり、「人」そのものから受ける影響が大きいと感じます。ということは、営業は、まずは「私」という人間を顧客に認識してもらうことがスタートとなります。そこに「人」の姿が見えなければ、顧客がモノを買う心理に傾きにくいからです。

そして、それは人だけでなく、たとえば「会社」も同じことで、人も見えず会社の姿勢も見えにくい場合、人はそこからモノを買うことを躊躇することになります。

顧客の心を動かすには、顧客に何かを説得するのではなく、顧客が今何を求めているかを察知する感覚を磨くことが大切です。

「あなたから何かを買いたくなる」、「社長が魅力的だから、この会社の商品を買いたい」、顧客にそう思ってもらうことを目指す、それが営業の定義であり、あるべき姿でもあり、だから営業は面白いのです。

◆五　嘘(うそ)はトラブルを複雑化する◆

以前、仕事のうえで、人の嘘（うそ）によってトラブルに巻き込まれた経験があります。もう一〇年以上前のことなので、「時効」ということで簡単に紹介します。

ある保険会社の社員Aさんがお客さまからの質問に対して間違った情報を伝えてしまいました。それを訂正する電話をしたところ、お客さまが納得せずに怒り出したと勘違いし、「代理店（私）が間違った情報を伝えたために顧客が激怒している」と、会社へうその報告をしたのがそもそもの発端でした。間違えた情報というのは、とてもささいなものでしたから、Aさんが正直にそのお客さまにおわびをすれば、それで済んだ話でした。

その報告を聞いたAさんの上司Bさんは、当社の担当Cさんの上司Dさんに苦情を入れました。すると、DさんからCさんへ、Cさんから私の会社へ、というように、間に何人も入って情報が錯綜（さくそう）した結果、私には「顧客が私に対して相当激怒している」という内容で伝わってきました。

しかし、その連絡を受ける三〇分ほど前に、私は当のお客さまと共通の知人に産まれたお子さんの話などで楽しく世間話に花が咲いていたのです。ですから「それは何かの間違いではないか？」と回答し、すぐにそのお客さまに確認したところ、事の経緯がわかったのです。しかも、そのお客さまは、少し気難しかったり話し方が豪快な方なので初めての人は少し怖いと感じるかもしれませんが、本来は非常に心の広い方ですし、Aさんのことも特別に怒っていたわけではなく、ちょっとおきゅうを据えたという程度の気持ちだったと思います。ですから、すぐに解決するものだと思っていました。保険会社側にも「Aさんがおわびをすればすぐにでも解決する」ということも伝えました。

しかし保険会社には、私の言葉がまた複数の人を通して伝わったためか、話が行ったり来たりし、特に上司Bさんが「自分の部下（Aさん）を信じる」という主張をしたとのこと。そして、ついにはお客さまがクレーマー扱いされ、本当に怒り出すという複雑な問題に発展しました。また、当の社員さんたちは転勤もあって人が変わり、あれやこれやで解決するまで半年の時を要することになりました。

「顧客不在で事態が複雑化する」という、こっけいとも思える出来事でした。

誰しも仕事をするうえで、ささいな間違いをしてしまうことは往々にして起こることです。そんなとき「しまった！」と後悔や動揺にさいなまれて、つい、誰かのせいにしてしまうということも、よくあるかもしれません。これは誰にとっても他人事ではないと思います。

「うそをついてはいけない」と子どものころから知っていることですが、一度もうそをついたことがないという人はいないのではないかと思います。うそにはいろいろな種類があり、人を楽しませたり幸せにしたり、誰にも迷惑が掛からないようなもの、たとえば、楽しい経験を実際よりもっと楽しく大げさに話すといったものもあります。また、誰かを傷つけないための優しいうそというものもあるでしょう。そんなうそなら大歓迎です。

しかし、自分のミスや勘違いによって起こった問題を解決するときは、それがささいなものであっても、つくべきものではありません。こういうときのうそは、トラブルを複雑にするだけです。事実をありのままに認め、わびるべきときはわびる。これが最も早い解決方法となります。また、そういう間違いを起こさないためには、「間違うこと」と「謝ること」を恐れない心を持つことです。特に会社内においては、そういう空気や風土を根付かせることが、管理者や経営者の役目となります。威圧的な上司の前で、部下はつかなくてもよいうそをついてしまうこともあるからです。

営業の場面においても、自分自身のミスによってトラブルが起こったときに、この基本を忘れないことが大事です。もしも、一時的な動揺でうそをついてしまったとしても、それを後からでも撤回しておわびする勇気を普段から持っておくことです。間違わない人間などそもそもいないのです。間違うことは恥じることではなく、潔く認めるほうが人としても余程カッコイイというものです。

さて、最初のお客さまですが、半年後に新しい担当社員さんと私でおわびに行き、誠意を持って事実をお話しして頭を下げた結果、円満解決しました。その際にお客さまは「（最初にうそをついた人にも）これを教訓に今後も頑張ってほしい」というメッセージをくださいました。また自分も若き日にはいろいろな失敗をしたことがあるとも語ってくださいました。だからこそ、あえて厳しく対応したのは、そのお客さまの本当の優しさだったのかもしれません。私自身にとっても、非常に学ぶべきことの多い出来事でした。

◆六　町の電気屋さんに学ぶ◆

わが家では、毎年のお盆休みに実家のある秋田市に帰省するのが恒例行事となっています。娘たちが小さいころから毎年楽しみにしてきましたが、二〇歳を超えても「おじいちゃん、おばあちゃん大好き」と言ってくれるので、私も親孝行ができ感謝しています。

その年の夏はいつもと一つ違うところがありました。それは、秋田が「猛烈に暑い」ということでした。東京とほとんど変わらない猛暑なのに、秋田の一般家庭にはエアコンが少ないのです。私の実家でも、六ＬＤＫの間取りでエアコンがある部屋は一室のみ。しかも、そのエアコンが壊れていたようで室内温度は三八度、母はエアコンの風が冷えていないことに気付かなかったようです。よく聞くと、一五年前のものでした。実家に到着して早々、避暑地に来たつもりが、熱帯ジャングルに降り立ったような心境になりました。それよりも、朝から一日中家にいた母の顔色を見ると、熱中症の一歩手前にも見えました。

あわてて近隣の電気屋さんや家電量販店など数軒に電話してみましたが、ほとんどのお店が、在庫ゼロ、または工事日の予約がすでに埋まり、早くても二週間先とのことです。困り果てていると一軒の電気屋さんから折り返しの電話が来ました。「日中は予定が一杯ですが、夜になってもよければ見に行きます」と言ってくれています。夜になり、やって来たその電気屋さんはエアコンを点検し、やはり寿命であることを確認し、在庫品があと二点あることと、工事に関しては「日中は予約が一〇日先まで一杯ですが、早朝の六時前でもよければ、明日取り付けに来ます」と言ってくれました。

困っているところに、素晴らしく機転の効く迅速な対応に感心しました。年寄りの家なので、早起きは問題ないと即座にＯＫ。さっそく翌日の早朝五時五〇分にはエアコン取り付け工事が始まり、一時間後には無事に実家に涼やかな空気が流れていました。テレビの天気予報を見ると秋田は一週間も三五度近い猛暑が続くとのことで、思わず命拾いをした心境になりました。あれほどの猛暑続きの時期に、電話した翌日の朝六時にエアコン設置が完了すること自体奇跡的だったと今でも思います。

実家ではエアコンだけでなく、買替え間近な古い家電製品がたくさんあり、多分、電気屋さんにとって良い顧客になるでしょう。また、高齢の両親にとっては、電球交換一つでもすぐに来てくれる、頼りになる町の電気屋さんが近所にいるだけで相当助かることになると思います。父は、早速お風呂場の換気扇工事も依頼していました。

実は、何十軒も電話した中で、この電気屋さんだけが最初から行動が迅速で、対応も非常に礼儀正しく親切でした。困っているときに誠意を持って対応し、継続的な顧客になり得る相手を察知してすぐに動く――そういう営業センスに長けていると感じました。町の電気屋さんの価値は、このような困ったときの迅速で頼りになる行動にあるわけです。朝六時前に来てくれるなんて、量販店には絶対できない芸当でしょう。お金じゃ買えない価値、これぞプロの仕事です。

どんなに景気が低迷していても、量販店で安い商品が大量販売されていても、やっぱりイザというときに頼るべきは、地域に根差したプロであると、実家でもひとしきりその話題で盛り上がりました。

東京に住むわが家でも、一五年以上前から家電製品のほとんどを量販店ではなく地域の電気屋さんから購入しています。電球一つでも届けて取り付けまでしてくれます。数年前にテレビを購入したときには、もしも必要ならと、ほかの顧客から回収したという古いテレビの台を一緒に届けてくれてとても助かりました。こうした、かゆいところに手が届くサービスを提供する町の電気屋さんは、量販店より多少値段が高くても助かることが圧倒的に多いものです。こうした絶対的な信頼をつかんでいれば、景気や競合に左右されることなく、顧客を失うことはないという典型的な事例と言えるでしょう。

保険の営業においても同じことが言えると思います。顧客ニーズを先回りして察知できるのは、それぞれの地域にしっかり根を下ろし顧客の信頼をつかむことができる営業パーソン一人ひとりです。景気の低迷や競合との戦いなど苦戦を強いられる環境にあっても、ひたすら真のプロの仕事を突き詰めることに、生き残る活路があるのです。

ところで、私も参加している全国の保険代理店経営者の自主的情報交流組織である一般社団法人ＲＩＮＧの会（小坂学会長）では、毎年七月に横浜・みなとみらいパシフィコ横浜国立大ホールでＲＩＮＧの会オープンセミナー（注）を開催しています。第一四回目の開催時には、大型家電店がひしめく地域で顧客を絞り込み独自の戦略で高い効率で営業している事例として、その戦略の立案・実行の中心となって作ってきた「でんかのやまぐち」のトップ、山口勉氏が講演をしました。

私の実家で体験したのは小さな電気屋さんですが、同様の方針で地域で絶大な信頼を得て成功している大型の電気屋さんもいるのです。

ＲＩＮＧの会では毎年さまざまなテーマでセミナーを開催しており、現在は全国から一六〇〇人超の保険業界人が集まる、業界最大級のセミナーへと発展しています。ご興味がある方は一度参加してみてはいかがでしょうか。

（注）ＲＩＮＧの会オープンセミナー　https://os.ring-web.net/

◆七　「八〇歳」を過ぎても◆

今回は、事業継承の時期を迎えている創業経営者の方や、それを引き継ぐ二代目、三代目の方に向けて、世代の違う者同士がそれぞれの立場を守りながら、円滑に事業継承をしていくために、参考になるのではと思うことを書いてみたいと思います。

身内の話で大変恐縮ですが、私の父は東北に住んでおり、二〇一四年現在八二歳。非常に元気で、なんと、いまだに会社勤めをしております。高齢ということもあり、数年前から出社日数や勤務時間を減らすなどの配慮をしてもらってはいますが、それでも引退せずに仕事を続けています。

父本人は、そろそろ引退を、と何度か申告しているそうですが、なぜかそのたびに社長さんに引き留められているとのこと。父は昔から非常に厳しい人で、私が若いころには抵抗を感じた時期もありました。しかし、さすがに八二歳にしてネクタイを締めて出勤する姿に、わが父ながらアッパレと今では頭が下がる心境になります。

父はもともと地方銀行員で、定年退職後、いくつかの会社に勤務し、現在の会社は三場所目です。そうやって定年退職後も必要とされることを、身内としてとてもありがたく思っています。しかし八二歳です。元銀行員としての財務知識や経験値も、さすがに古くなって役立つものとは言えなくなっているでしょう。それに高齢者を雇うには、企業側としてもリスクがあるはずです。

それでもなぜ父は今でも必要とされているか?

私自身も経営者の立場として、父が七五歳近い年齢になったころから非常に不思議に感じてきたことでした。銀行の定年退職者を雇用するなら、六〇歳ぐらいの人のほうが知識も新しいし体も元気だし、良いのではないかと思ったからです。

そこで父が七五歳のころに、父にその疑問をぶつけてみたことがあります。「お父さんの勤める会社は、お父さんのどこが良いと思っているのか、なぜ必要とされるのだと思う？」という、ちょっと失礼な質問ですが（笑）。

すると父は、次のような説明をしました。現在の社長さんは二代目経営者で、父が地方銀行時代に、先代の社長と取引のあった時期があり、その先代が〝何かあったときは、あの人（うちの父）に相談するように〟と言い残されていたそうです。

また、現社長は団塊の世代の人で、親や親族から非常に厳しく育てられたため、親に甘えることもなく、人に弱みを見せない方なので、自分（父）が理解者となることで役に立てるのではないか、ということを言っていました。

さらに父は「でも自分は、会社ではほとんど黙っているんだよ」と言いました。その話は私にとって軽くショックでした。持論を絶対に譲らない頑固な性格に泣かされてきただけに、その父が、世代の違う人の気持ちを思いやり、しかも会社では余計な口を出さず黙っているとは……。

ずっと父を頑固者だと思ってきましたが、本当に頑固だったのは自分のほうだったと痛感しました。多分、その社長さんも亡くなった先代にそんな思いを抱き、だからこそ今、うちの父を大切にしてくれているのかもしれません。

そして何より、父は、会社が自分に何を求めているかを理解し、自分の役目を果たしている、それがよくわかりました。ずっと必要とされ続ける理由は、多分そこにあるのでしょう。

そして父のように、ずっと周りに必要とされ続けることがいかに幸せかということを、元気に出勤する父を見るたび実感させられます。また、いまだに父を大切にしてくれるその社長のことを、とても義理堅い人格者だと感じます。高齢の人を大切にする経営者を、きっと取引先の人たちも評価していることでしょう。また従業員たちも、そういう社長を誇りに思い、安心して働き続けられる会社と感じていると思います。

さて、今回お伝えしたいことは二つあります。

まずは、二代目経営者の方へ。先代のことはもちろんですが、古参社員など年上のスタッフをぜひとも大切にしてください。それが、取引先をはじめほかの社員からの評価や信頼につながるからです。あからさまに先代や古参社員を疎ましく扱う二代目を、世間や周りの人が信用したいと思うかどうか、ご自身に置き換えて、よくよく考えてみてください。

次に、事業継承を考えている世代の経営者や古参社員側など、ベテランの方々へ。自分が必要とされる役目は何かを正しく理解することが、とても大切ではないかと思います。それが次世代を担う人たちの足かせとならないためのコツでもあり、また、ずっと自分が必要とされ続ける立ち位置にいることが、互いを幸せにする道ではないでしょうか。

七〇歳や八〇歳になっても、大切な人たちと、良き人間関係が築けるようでありたいと心から思います。父のように幸せな人生を歩めるよう、私も努力したいです。

◆八　保険会社・チャネル間の壁◆

私は二〇〇〇年に独立起業してから、保険代理店業だけでなく保険に関する執筆や編集、コンサルティング、講師業なども行っています。そのおかげで、多くの保険会社の方や、さまざまな販売チャネルの方と仕事でご一緒させていただく機会を持つようになりました。

そして現場で一生懸命に働く人たちと触れ合ううちに、どの保険会社・チャネルに対しても、好感や純粋な興味を持つようになりました。また同時に、各チャネルの強みや弱みについて客観的な視点で見るようになりました。各社・チャネルそれぞれに常識や価値観が異なっていて、ある会社やチャネルでは当たり前の常識が、ほかではまったく通用しないこと、そこで働く人たちの気質や価値観にもそれぞれに特徴があって「文化の違い」のようなものを知ることになりました。

誰もが自分の所属している保険会社やチャネルの常識の中で生きていますから、その中だけで共有している常識を当たり前のことだと思っています。同じ保険業界でありながら、こんなに違うものかと思うほどの違いです。お隣同士なのに高い壁がある――それが保険業界の特徴なのかもしれません。こうした壁があることが業界全体にとってプラスになることも、またマイナスとなることも両方あると感じてきました。今回は、その壁がもたらすプラスとマイナスについて私が感じたことを紹介したいと思います。

まずはマイナスの事例からです。

ある保険会社ではお客さまから本社にかかってきた問合せに対して、一五分とかからず現場の営業担当に伝達され対応できるようになっています。しかし、ある保険会社では朝の問合せが現場に到達するのは夕方、もしくは翌日以降という具合に時間がかかります。

早いほうが、伝達内容が雑であるとか丸投げであるということではありません。むしろ早いほうが非常にリアルに正確に伝わっていると感じます。この時間の違いは、単に現場伝達までの「仕組み」の違いによるものでしかありません。具体的に言うと、現場までにいくつもの部署や人がはさまり、それぞれが選別や伝達そのものだけを仕事にしているために「このお客さまが持った疑問や知りたいことを少しでも早く解決してあげたい」という気持ちが、人から人に伝わるほど薄くなり、伝達内容も現実味の欠けたものになってしまうのです。

さらに悪いことには、営業現場でも電話を受けた本社に内容を再確認するよりも顧客本人に直接聞いたほうが早いという感覚が当たり前になっていて、改善の機会を失っています。またこれを直すとなると組織や仕組み自体を変える必要が生じますから、時間もかかることになるでしょう。長い目で見れば変えたほうが断然良いのですが、簡単にいかない事情もわかる気がします。

それでも「顧客のためにどうすべきか」という基本に返れば答えは明らかではないでしょうか。

お隣ではごく普通にできていることが、こちらではできないまま改善の機会を失っている、これはまさに壁がもたらしている弊害の一つだと思ったのです。時にはお隣にも目を向けて、良いものはどんどん取り入れ、差別化だけにこだわらず必要なものは共有することが、今後業界全体として必要ではないでしょうか。

次に、壁があることがプラスになっている点についてです。

あるチャネルでは顧客と同じ目線に立ち「庶民派」であることを良しとしているのに対し、別のチャネルでは自分たちは「専門家」という意識を非常に強く持っています。これは互いに正反対の相容れない関係、事実、チャネル間に隔たりがあって仲良くするのは難しそうです。

客観的に見れば、どちらにも利点があるので、選ぶ側の顧客の好みに左右される問題でしかないのですが、どちらも自分たちが普通だと思っているのです。

しかしこうした気質面の違いは、結論から言うと、これはこのままでよいと私は思います。顧客の立場で考えれば、庶民派が好きな人もいれば専門性を重視する人もいるでしょう。「顧客のためにどうすべきか」の基本を考えれば、選択肢は複数あるほうが理想的だからです。今後も、それぞれが自分たちの個性や強みを生かしアピールし続けてよいと思います。

ただし、お隣の気質をまったく受け入れず知りもしない、というのはちょっと問題があると思います。お隣のことも知っておくことで、自分たちの強みをあらためて知ることができるからです。時には、自分たちで張り巡らしている壁を取りはらって広く周りを見ることも必要だと思います。

ところで、米国では各保険会社が事務システムを標準化（同じものを使用）しています。これによって各社がそれぞれに事務管理システムを開発構築する手間とコストが削減され、顧客にとっても、また利用する営業パーソンや保険代理店にとっても利便性が高く良いことずくめです。

日本においても、かなり以前から保険事務システムを標準化すべき、という理論が保険研究者や専門家たちの口から発せられていますが、なかなか浸透しません。日本人の気質でしょうか、何にでも壁を作りほかとの差別にこだわりたがる業界気質のせいなのでしょうか、標準化すれば大幅にコスト削減できるのに、わざわざ膨大なコストをかけて各社が独自のシステムを構築し続けているのです。

しかし、次世代の新しい仕組みやシステムを通じて、これが解決する日が来る可能性もあるように思います。近い将来、壁を作りたくても作れない時代がやって来るのかもしれません。時代は動いています。自ら張り巡らした壁を、今から少しずつ低くしていくべき時期に来ているように思います。

◆九　各販売チャネルの長所を知る◆

保険業界歴も二七年超となり、その間、複数のチャネルを経験したり、取材や業界分析などでもほぼすべてのチャネルにかかわる機会を得ることになりました。

保険業界の人の大半はどこかのチャネルに所属をしていますので、私のように全チャネルを客観的に見るという機会はほとんどないのではないかと思います。

そこで今回は、保険の各チャネルについて、全体から客観的に見たメリットや優れている点と、課題となる点について、私なりに感じてきたことを紹介したいと思います。

①　営業職員

保険業界に入った最初の六年間、大手生保で営業職員を経験しました。また今も、取材などで優秀な営業職員の方々と接する機会があります。こうした経験から感じる営業職員チャネルの一番の強みは「フットワーク」です。

営業職員にとっては当たり前のことだと思いますが、普段の営業活動の中で、〝用事がなくても顧客の元に立ち寄る〟ということを頻繁にしているのではないでしょうか。

しかし、ほかのチャネルでは、そういう機会は極端に少ないです。もちろん、まったくないわけではありませんが、営業職員には遠く及びません。

また、保全やアフターフォロー体制が非常に手厚いことも営業職員の特徴です。顧客が入院したと知れば、病院までお見舞いに行き、病院で給付金請求書類を渡すことが当時は私も当たり前でした。

ほかのチャネルに移ってからは、そこまでできないというのが正直なところです。コストや時間の都合上、ある程度は効率化する必要があったからです。

一方で、営業職員チャネルの最大のデメリットは、営業職員の離職が非常に多い点でしょう。担当がすぐに辞める、これで顧客から信頼を得るのは相当難しいです。

ですから、「自分の担当をしている営業職員は二〇年変わってない」というような人に出会うと、「それは非常に希少で優秀な人ですから、そんな営業職員に担当してもらえるなんてラッキーですね」と伝えています。

厳しい給与制度の中で生き残った優秀な人が、もしものときも駆け付け、手厚いフォローをしてくれる。顧客にとっては、お金には代えられない価値です。それゆえに、ターンオーバー（大量採用大量離職）は実にもったいないと感じます。

②　乗合保険代理店

乗合代理店の強みはもちろん、複数社の商品を提供できる点です。

私も乗合代理店になってみて、〝すべての顧客の要望に応えられる喜び〟を心から実感しました。自社商品だけをことさらアピールしたり顧客を説得したりすることなく、顧客にとってベストな提案ができることが大きなメリットです。

一方で、乗合代理店のデメリットは、商品があまりに多過ぎることによる事務実務の煩雑さです。各社でシステムが異なり、各社の保全ルールも異なり、それをマスターすることに時間を取られ、その分、顧客対応が手薄になりがちです。

各社がシステムを共有することができれば、それが結果として顧客のためにもなるのに、この点ももったいないと感じます。

③ 来店型保険代理店

近所やよく行くショッピングモールにあって、買い物帰りにも立ち寄れる。小さな子どもも用の遊びスペースがあるなど、顧客にとって利便性が高い点が一番の強みです。地方では、駐車場を用意しておけば顧客はいつでも行けます。

一方でデメリットは、「待ち」の営業である点でしょうか。最初から話が聞きたい相手にしか営業活動をしないので、顧客と深い信頼関係を築いたり、顧客のさまざまな細かい状況までキャッチしたりしにくく、それが結果として顧客にとってもマイナスになると思います。

④ 銀行窓販

一番の強みは「信頼性」でしょうか。

特に地銀や信金は、地域に根差している点も、顧客にとってメリットです。いつも行く銀行で、顔なじみの銀行員さんが勧めてくれる保険となると、加入へのハードルがぐっと低くなります。保険専門のショップは、保険に関する用事がなければなかなか足を踏み入れませんが、銀行なら、ほかの用事で訪れたついでに保険の話を聞ける点も便利です。

課題は、窓口を飛び越えて顧客をフォローしたり、保全サービスまではできない点です。また、銀行というだけで信頼があることで、顧客が商品への理解が希薄でも銀行が勧めるならと安易に契約に至ってしまう可能性やそのリスクを自覚し、自ら襟を正すことも必要です。

⑤　ネット・通販

この分野の商品のメリットは、安さとわかりやすさです。

インターネットで契約が完結できる保険は、夜中でも申込手続きができますから、特に忙しい人にとっては、これしか選択肢がないと思います。

保険料が安いこと、商品がシンプル構造でわかりやすいことも、通販分野の最大の強みです。

一方で、通販でありながら商品構造を複雑化すると、対面商品と勝負しなければならなくなり、一気に不利になります。商品力で勝負すると、ネットや通販商品は、対面販売には勝てません。「通販商品は複雑であってはならない」が鉄則だと思います。

このように、商品力に限界があるのがデメリットです。

⑥　専属代理店

このチャネルを最後に持ってきたのは、最も個性が強いチャネルだからです。

取り扱う保険会社に対し、深い愛社精神を持ち、熱い思いでそれを顧客に伝える、最も情熱あふれるチャネルだと思います。ある意味で営業職員チャネルと共通しています。

特に高給を取るような営業パーソンは、営業職員や専属代理店（または以前そうだった人）であるパターンが非常に多いです。それは、愛社精神や仲間とのチームワークなど、メンタルに関連する部分が販売力に大きく影響するからです。人間はそういうことに大きく左右される生き物だということが言えます。

デメリットは、商品が一社のものしかないこと。一部の顧客の要望には応えられない局面がどうしてもあり、それが専属の方の悩みどころでもあるでしょう。

しかし、乗合になれば、情熱という面では専属に負けるという点も知っておくほうがいいかもしれません。

いかがでしょうか。

敵の強みを知り、自分たちの弱みも客観的に知っておくことで、さまざまな戦略を立てることができます。

何より、顧客のほうが複数のチャネルと接していて、自分たちよりもその違いを知っている可能性が高いことも意識すべき時代にあると思います。

◆一〇　才能より方法論◆

先日『どうすればたくさん書けるのか』（注）という副題の付いた書籍を読みました。最近、仕事の大半が執筆業になっているのですが、この一か月で大量の原稿依頼が重なってきたため、締切に追い詰められ、苦し紛れに読んでみたわけです。

ところで営業パーソンの方なら、営業ノウハウの書かれた書籍などを読む機会があるのではないかと思います。「こうすればあなたも絶対売れる」、「カリスマ営業のノウハウ」そんな副題の書籍には、行き詰まっているときはなおさら心が惹かれますよね。

読んでみて、なるほどと思うことや、これなら自分にもできると奮起する思いになったり、でもこの方法はどこかで見たと思ったりすることもあるのではないでしょうか。

今回は、こうしたノウハウ（専門的な技術の蓄積）の原理を考えてみたいと思います。

お話を「文章をたくさん書く」書籍に戻しますが、この本は米国の大学講師の方が書かれたものを翻訳していますので、引用文の大半が英語であったり、大学講師や研究者など論文を大量に書く人に向けた部分であったり、ということ以外では、基本的に書かれていることは非常にシンプルで、文章をたくさん書くノウハウは、単純明快なものでした。

それは、毎日決まった時間にパソコンに向かうなど「書く頻度を増やす（保つ）こと」と、「事前に計画を立てること」でした。

私は読んでみて複雑な心境になりました。なぜならそれらはすでに実践していたので、新たな発見は皆無だったからです。いちおう、自分の方法は正しかったらしいという確認にはなりました。実は、自分は書くスピードが速いほうかもしれないとうすうす思っていたのですが、その自己満足が満たされたのは、まあよかったのかもしれません。

文章をたくさん書くコツは海を越えて共通だったようです。

書く「頻度」については昔から思い当たるものがあります。

中学生時代、当時の国語の定期試験には小論文を書くという設問があり、授業で方法を教えられました。最初に起承転結の四つの構成を思い描き、文字数配分を考えて四構成の文章を書くと、決められた文字数内に、それなりの文章が書けるのです。授業や塾で何度も練習した思い出があります。

高校時代も研究レポートなど文章を書く機会は多くありましたが、特に思い当たるのは授業中に友達に手紙を書いていたことです。五〇分の授業で便せん三枚にピッタリ書き終わる技術を身に付けるほど頻繁に書いていました。もちろん仕事でも大量に文章を書く機会が何度もあり、そのたびにスピードは上がりました。

よく考えれば、人よりたくさんの文章を書けば、スピードも技術も上がるのは当たり前ですよね。

また、書籍にあった「事前に計画を立てる」については、私の場合、大量に文章を書く際には、最初に「目次」となる項目一覧をエクセルで作り、各項目の横にいつまでに書くかという目標の日付を記入し、締切までのスケジュールを最初に組んでしまうのです。

そして、予定日付の隣の欄に、実際に書き終えた日付を入れバックに色を入れます。すると一目で進行具合がわかるのです。この表をパソコンで常に表示させることで、全体像と目標と進行度合いを明確にしながら原稿を書くことが可能になります。それがコンディションよくスピーディーに原稿を書くことにつながっているように思います。

そして、これは自分で考え出したオリジナルな方法のはずでしたが、書籍の著者の米国人もだいたい同じことを考えていました。

人間の思いつくことって案外そんなものなのでしょう。

営業で成功するための方法も、実際は非常にシンプルだと思います。

その第一の基本は、文章を書くノウハウと同じ、営業体験の「頻度」です。営業で、ほかの人より抜きん出て結果を出すための方法論は、人よりも「一日当たりの営業件数や訪問数を上げるための工夫をする」それがすべてです。特別な才能ではないのです。技術を得るには、才能以上に経験の「数」が重要です。

さらに、原稿書きで事前に計画を立てるのと同じく、営業においても、たとえば見込み客を書き出すことも同じ意味がありますよね。それだけでなく、目標を明確に立てたり、いつまでに目標達成し、今どの段階にいるかを把握したりすることで、より着実に階段を上がっていくことが可能となり、また、計画や目標があることでモチベーション維持にもつながります。

つまり、回数をこなすことと、計画を立てることは、ほとんどの技術習得において、共通の原理だと言えるように思います。

ところで、文章を書く際によいアイデアがひらめき、書きたいことがあふれて普段の倍速で原稿が書けるときがあります。これを私は「原稿の神様が降りて来た」と表現しています。この状態になるには、とにかく文章を書く頻度を上げることでそれによって確実に可能性が高まります。何もせず待っていて、いいアイデアが浮かぶ可能性は、皆無です。

営業の世界でも「営業の神様が降りて来る」瞬間がありますよね。きっと思い当たる方もいるでしょう。普段よりも抜群の営業センスで顧客の信頼を得られた実感があったり、いつもの倍の営業結果が出たり、そんな瞬間が何度もあれば理想的ですよね。でも、それさえも偶然にやって来るのではなく、顧客に何度も会いに行くからこそ得られる確率が高まるのです。

営業で成功するために必要なものは、特別な才能ではなく、当たり前のことを実直に繰り返す、その方法論にあります。ですから迷わずに、今日もかばんを持って顧客に会いに行きましょう。そこから、可能性もアイデアもチャンスも広がるのです。

（注） ポール・J・シルヴィア著『できる研究者の論文生産術――どうすれば「たくさん」書けるのか』（講談社、二〇一五年）

◆一一　私たちの「公的保険」への知識は圧倒的に足りない◆

生命保険を取り扱うには、その前に社会保障制度の仕組みや保障内容を理解しておく必要がありますよね。生命保険の目的は、国が保障する社会保障では足りない部分を補うことにあります。ですから、私たちは当然ながら、社会保障制度について学び、知識をそれなりに持っているはずの立場です。

また、今は就業不能保険や介護保険への注目度が一気に高まっており、特に働けなくなって収入が減るリスクに対しては、すでに世間一般の人が認識を持っている時代になりました。また今後は、〝人生一〇〇歳時代〟という長寿化がさらに進むため、介護にお金がかかるリスクに対する認識も急速に広まるでしょう。

これらのリスクに対し、私たちは、公的保険による保障内容を把握したうえで、不足する分について民間保険で補う、というスタンスの下でお客さまに提案をしていくことが必要となります。つまり、公的保険に関する知識を持つことは、私たち保険業界人にとって、ますます必須となるわけです。

しかし現状では、公的保険に関する教育や指導は、表面的なことしか行われていないという問題を感じます。

私がそう感じている理由に、私自身が四〇代で体が不自由になるという経験をしており、複数の公的保険についてさまざまな手続きや申請を行っており、これについて非常に苦労をしてきた経緯があります。

自分は保険業界人として、社会保険に関する知識は当然あると思っていました。執筆業もしていますが、社会保険の内容を文章で解説したことも、これまで何度もあります。ですから、公的保険について「私は説明文を書けるぐらい知識がある」と思っていたわけです。

しかし、実際に各種の手続きをする中では苦労の連続で、心が折れそうになる思いを何度となく経験することになりました。

公的保険とは、予想以上に複雑で難解であり、さらには年中改定されるので覚えにくく、また客観的な知識と現場の感覚には大きな隔たりがあります。

たとえば、介護保険の申請は、かなりの手間暇と複数の段階を経ての手続きが必要です。それでも年配者向けの制度だけあって、親切丁寧な対応を常にしてくれるので、かなり面倒な手続きではありますが、まだマシだと感じました。一方で、公的医療保険に関連する申請は、現役世代の人も多いせいか、窓口対応は事務的で不親切。介護保険とは天と地の差でした（地域や役所の方針等にもよるでしょう）。

さらに公的年金制度については、もっと不親切極まりなく、体調不良の人が一人でやるには無理があるような手続きを、冷たい対応で依頼されます。

また毎回、担当者が同じではないので、以前に言われたことと今回言うことがまったく違ったり、間違ったことを言われて二度手間、三度手間は当たり前。当時まだろくに歩けず、一部車椅子状態だった私にとって、苦難の連続。メンタルがやられそうな状況でした。

でも、自分や家族の生活がかかっているので負けていられないと自分を励まし、役所の窓口で何度もやり合うような場面もありました。

こうした経験をしてみて、私たち保険業界人は公的保険の知識が必須である立場なのに、実は圧倒的に知識が足りていないということを痛感した次第です。

そんな中、この公的保険にスポットを当てて学べる機関がいくつかあるので紹介をしたいと思います。

一つ目は、「一般社団法人公的保険アドバイザー協会（注1）」です。

この協会では、「公的保険アドバイザー」という資格制度と、これに必要な講習やテキストを提供しています。私自身も東京開催の講習を受けています。研修レベルはかなり高度なものですが、非常にわかりやすく工夫されており、これから勉強したいと思う人にもお薦めできるものでした。

また、営業の現場でどう役立てるかという具体的な教えもあり、特に年金定期便の活用や解説に力を入れています。講師はＦＰ資格を持ち、メディアに数多く登場して活躍する方ですが、こうした情報を広く知ってほしいという情熱を持っている方です。

そして二つ目は「一般社団法人日本ライフマイスター協会（注2）」です。

こちらは、公的保険それぞれのカテゴリに分け、「介護相談アドバイザー／介護相談マイスター」、「年金相談アドバイザー」、「健康相談アドバイザー」等のスキルを学べます。講師は、元公務員としてこれらの公的保険の申請や利用窓口の業務を長年行ってきた、実務経験のある方です。この方も、さまざまなケースの相談を受ける中で、もっと公的保険の知識を広めたいとの非常に熱い思いを持っています。

なお、日本ライフマイスター協会では、このほかにも「がん保険アドバイザー」、「子育てマネーアドバイザー」など、複数のスキルを学べます。

今回、二つの機関を紹介しましたが、私個人の意見としては、それぞれ違う立場や視点から公的保険に斬り込んでいるので、両方とも学ぶことをお勧めします。また今後、私のように実際に申請を行った利用者の立場からの視点による学びの機会もあると、もっといいかもしれません。

私たち保険業界の人が、公的保険をどこまで学び、またどこまでを顧客に伝えていくのかは、現状では個々の「思い」にかかっている部分があります。顧客に寄り添う思いの深さだけ、学びは必要です。ぜひ、自ら学ぶ機会を増やしていただければと思います。

（注１）一般社団法人公的保険アドバイザー協会（東京都中央区、代表理事：土川尚己氏）（https://siaa.or.jp/）

（注２）一般社団法人日本ライフマイスター協会（東京都中央区、代表理事：人見輝也氏）（http://life-meister.jp/）

◆一二　思いやりとコンプライアンス――障害者差別解消法を理解する◆

二〇一六年四月から、「障害を理由とする差別の解消の推進に関する法律（障害者差別解消法）」という法律が施行されました。保険募集人の方々も、コンプライアンス研修などにおいて、この法律について学び、「お客さまへの対応に配慮しなければならない」といった勉強をする機会もあるかと思います。

たとえば、手の不自由な人に保全書類を書いていただく場合、本人が書けないときには、親族や介護ヘルパー、民生委員が代わって記入することも認められています（保険会社により基準が異なる場合があります）。

この法律の重要な点は、「合理的配慮が求められる」ということが明確に記載されている点にあります。単に差別をしないということだけではなく、「合理的配慮」をしなければなりません。しかしこれは、そんなに単純ではありません。

皆さんは、自分は障害者を差別するような人間ではないと思うかもしれません。しかし手の不自由な人にとって、「自署で書かなければいけない」と言われることが、非常に屈辱的で辛いことであると、今まで本当に想像できたでしょうか。誰しも自分が経験していないことを想像することは難しく、障害者が本当は何に困っているのかを具体的に知ることは難しいからです。

私自身が、足腰が少し不自由な身になったことを、時々この連載でも紹介しておりますが、そのため長時間の歩行や立位ができず、移動時は時々座って休憩を入れなければならないという立場にあります。

実はつい先日、このような経験をしました。

ある駅ビルのショッピングセンターにあるドラッグストアで薬を買いたかったのですが、ショッピングセンターのオープンまで一〇分ほど時間がありました。そこまで歩いてきて、さらに一〇分立ち続ける自信がなく、すぐに横にあった宅急便の受付カウンターに誰もお客さんがいなかったため、カウンター前の椅子に座らせてもらいました。

すると、店の奥から店員さんが出てきて、「ここに座られるとほかのお客さまの迷惑になるので、ご遠慮ください」と言われました。そのため、持っていたつえを見せて、「足が悪いので、一〇分ほど座らせてほしい。もしもお客さんが来たら席を立ちますので」とお願いをしました。しかし店員さんは、「それでもここは店先なので、皆さんにも平等にご遠慮をいただいていますから」と譲りませんでした。

駅ということもあり、座りたい人みんなが座ると困るというのも事実でしょう。

皆さんも、たとえば保険代理店の店先に足の不自由な人が来て、座らせてほしいと言い、保険の説明を聞くわけではない場合、「ほかのお客さまが入りにくくなる」と感じるのは正直な思いかもしれません。一人を許せば多数を許すことになる。するとますますほかのお客さまが入りにくくなり、売上も落ちるかもしれない。だからすべて断ることが「平等」な対応だ――という考えになりがちです。まして仕事熱心な人ほど、社員としての使命を果たそうとするあまり、会社の利益を主体に考えるのは自然な発想です。

しかしこの「仕事熱心な思い」と「誰にでも平等に……」という感覚が、「合理的配慮」を見失わせるのです。

足が不自由な人は、好きで足が悪いわけではないのです。よく考えれば、実際に立ち続けられない人はどこかに座るしかありません。

しかし日本は、「人に迷惑を掛けてはいけない」とか「病気も自己管理のうち」といった価値観が強い国です。そういう教えを受け入れ真面目に生きてきた人ほど、知らないうちにコンプライアンスに反することになりますので注意が必要です。まずは、「人に迷惑をかけてはいけない」という常識感のある私たちが、人の助けを借りて生きる障害者の立場に立つのは、そんなに単純なことではないと意識することが大切です。

障害者にとって、宅急便の店員が取った対応が世の常態であれば、外に出掛けることすら嫌になります。足が不自由なことが迷惑だと言われれば、自分が生きる価値を見失う心境になります。この宅急便カウンターの店員のように、仕事熱心な真面目な人の一言で、もしかしたら死にたくなる人もいるかもしれない、ということに思い至ることが「合理的配慮」を理解するうえで必要な感覚だからです。

ところで、その宅急便のカウンターの店員さんに対して私がどうしたかというと、「あなたのその言葉は会社として問題になると思いますので、聞かなかったことにして座らせていただきます」と開き直って、座り続けました。実際に立ち続けられないのでそうするしかなかったからです。怒りと同時に惨めな心境になりましたが、10分後に切り替えて、「お世話になりました、ありがとうございます、助かりました、本当にありがとう」と大声で何度もお礼を言うと、店員さんは苦笑していました。

日本は長寿社会ですから、いつか年を取り体が不自由になることは、本当は誰もがいつか経験する道です。でも、もっと広い目で社会を見れば、この社会は誰もが助け合って生きていて、自分たちもその一員であることが見えてくるはずです。

特に、病気やけがで苦しむ人やその家族と接する機会の多い私たちは、コンプライアンスを徹底するためにも、これまで以上に大きな慈愛と深い思いやりの心を求められる立場にあることを、あらためて意識していただければと思います。

◆一三　ファイナンシャル・プランナーの責任と課題◆

生命保険商品を取り扱っている大半の人が、ファイナンシャル・プランナー（Financial Planner、以下ＦＰ）の資格を持っているのが当たり前、という時代になりました。

ＦＰの定義は、「家計のお金の専門家であり、その専門資格を持った人」ということになります。

またＦＰの仕事とは、個人の家計やお金にかかわる情報（税金・年金・教育資金・住宅ローン・保険・不動産・その他の資産状況）を基に、住居・教育・老後など家計の将来にわたるライフプランニングに即した資金計画やアドバイスなどを行い、家族の夢の実現に向け計画を立てるお手伝いをする、というものです。

特に近年、長寿化による老後資金や介護費用に関する問題のほか、医療技術の発達により、命が助かるケースが増えた一方で、長期治療による収入減の問題など、社会保険でどこまでカバーできるのか、という問題がより身近なものとなっています。

営業現場でお客さまと接する営業パーソンの方々も、公的保障に関する質問やアドバイスを求められる機会が増えているのではないでしょうか？

しかし、ＦＰの資格にはいくつかの種類や段階があり、同じＦＰでも実際の知識や経験値に大きな差があります。また、各ＦＰによって得意分野が異なるという状態にあるのが現実です。

それでもＦＰという資格を名刺に入れたり、実際にＦＰという肩書を仕事で大いに利用したりしている人は多数いますよね。

実は、つい先日、このようなことがありました。

親しい知人から「インターネットを通じてＦＰに相談を希望したところ、会ったＦＰから現在加入している保険の内容のほとんどを否定され、無駄と言われて心配になった。しかし夫は、君はだまされている、と言い、夫婦間で意見がすれ違っている。本当のところはどうなのか」という相談がありました。詳しい内容をうかがい、私は「ご主人の意見が大筋で正しいと思う」との回答をしました。

実は、ご主人の保険は二〇年来同じ営業パーソンが担当しています。それを否定しては、ご主人が不信に思うのは当然でしょう。長年の信頼関係を失うことは、お金には代えられない損失となる場合もあります。

また、妻は一〇年払込満了設定の医療保険に加入しており、この保険料が高くて無駄なので終身払いの医療保険に変えるべき、と言われたそうです。しかし、彼女は個人事業主として一〇年以上継続してビジネスを維持し収入源があります。また、彼女は一見とても控えめな人ですが、実際は相当のやり手です。

これらは、初対面では多分見えてこないことでしょう。

そして、特に問題に感じたのは、そのＦＰが初対面であるにもかかわらず、加入中の保険を全否定した点でした。むしろ「何を残すべきか」というアドバイスこそプロのすべきことであり、顧客の不安をあおるような営業に疑問を感じます。生命保険選びには複数の考え方があり、自分の価値観だけを顧客に押し付ける営業は間違っています。

次にもう一つ、これもつい先日ですが、このようなこともありました。

親しい知人で、長年介護現場で仕事をしている方が、「ラジオで、ＦＰを名乗る人が公的介護保険について間違った情報を説明し、公的介護保険の利用者の不安をあおっている。許せない」との怒りをフェイスブックに書いていました。

調べると、このＦＰとは、タレントさんで独自にＦＰ技能士二級の資格を取っている方でした。自分が勉強して知った役立つ情報を、多くの人に伝えたいと思うのは純粋な使命感だと思います。しかし、特にメディアに出る人はその上を行かないといけないということを思います。

ＦＰの知識は本来、家計に関することを広く浅くという面がありますので、各分野の専門家（弁護士・社労士・税理士・ケアマネ・社会福祉士・金融各社・投資家など）の知識とは乖離（かいり）

している現実もあります。各分野の専門家ではない以上、どこまで伝えるのかという点も課題です。特にメディアで情報を流す立場にいる人の責任は重いのです。資格を持つことは、信用と同時に責任やリスクも背負うことを肝に銘じなければなりません。

ところで、こうしたことを考え過ぎると「何も言えなくなる」という側面もありますよね。自分の責任逃れだけを考えるとそういう方向に行きがちです。しかし、私はそれが一番の罪だと思っています。お客さまのために役立つ情報を広く伝えるために、もっと勉強しようという思いを熱くする方向に進むのが正しい道です。

迷ったときは、なぜＦＰの資格を取ったのかという初心やＦＰの勉強をして感じた使命感に、気持ちを戻してみることをお勧めします。その思いを見失わないことが、いつか顧客の信用につながり、ビジネスとしても成功できる道だからです。

そして、現在ＦＰとして活躍し成功している方も多数存じていますが、その方々は皆さん「顧客のため」という思いに熱く、苦労や努力をいく度も乗り越えても使命感を見失わない人たちであることも、ぜひ知っていただければと思います。

最後に、先日（二〇一八年一〇月）お亡くなりになった女性ファイナンシャル・プランナーの先駆者である小野瑛子さんに、哀悼の意と、彼女の長年の努力と功績に心からの感謝と敬意を表します。

公的制度 申請現場実況中継!?

By もりた

『身体障害者手帳』の4級、手術を受けた大学病院の医師が認定医だったから申請用の診断書を退院の時にもらえた。 それを持って役所窓口へ提出。退院時はまだ1人で歩けなかったから、しばらくたってから行った。

『介護認定』は、手続きの手間はかかったけれど、窓口の人が非常に親切。手取り足取り至れり尽くせり。介護に関しては常に親切にされまくる。さすが、老人大国ニッポン！

身体障害者手帳の4級は人工関節で受けられたけど、 実際は頚椎疾患で体が麻痺してるから不自由な身なのに、そっちでは認定でない。神経系は症状が固定しないからだとか。納得いかない……。

介護認定って毎年認定更新される。今年は認定基準キビシイワ～という声が普通になされている介護現場。

『公的年金の障害等級』の申請、すべて自分でやらなければいけないという、かなり不親切な制度。申請は初診から1年半後以降。1年半も具合の悪い人に何をやらせる気!?まずは1年半前の初診証明とってきてね、本人が…… と、そこからスタート。1年半前にどの病院に行ったか覚えてないよ～。そして、主治医に診断書を依頼するが書いたことない医師もいる。医師の協力なくして申請不可能。自分で書く用紙も複雑で書き方見本もナシ。具合悪い人に書けるような書類ではない。社労士さんなど専門家の協力がゼッタイ必要。

第6章

給付金請求事例と入院・介護体験実況中継

◆一　保険給付金請求の現場から◆

その❶　お金のことは気にせんでも大丈夫なんやね

古くからのお客さまには、長年のお付き合いの中で、まるで友達のように親しくなった人も多いものです。そんな親しいお客さまから病気を打ち明けられ、給付金の請求手続きを取るときは、仕事とは言え辛い気持ちになることもあります。

彼女はもう十年来のお付き合いの人で、当初は保育園児だった上の息子さんがもう高校生となり、下のお嬢ちゃんは小学校に入学して、すっかりお行儀の良いオシャマさんになったりと、お子さんたちの成長を見守りながら長いお付き合いをしてきた人です。彼女は、まさに私にとって本当に親しい「友達」の一人でした。

今まできちんと保険料を払い続けていた彼女が、急に支払いが一か月遅れになることが続き、連絡を取ると「ごめんなぁ、えらい忙しくて」と、関西出身の彼女のいつもの関西弁を聞いて、きちょうめんな彼女らしくない雰囲気にどこか不安を覚えました。

そんなある日、地元の商店街で自転車に乗っている彼女を見かけました。彼女がやって来る方向の向こうに大学病院があります。彼女を呼び止めて「病院に行ってたの？　風邪でも引いた？」と声を掛けると、彼女は「ちょうど相談したいと思ってたんよ、明日事務所に行ってもええ？」と言いました。

翌日、事務所に来た彼女は、自分が乳がんであることを話してくれました。実は前の年にはご主人が胃潰瘍で入院していた時期もあり、またその後、叔父に当たる方が肺がんになり、その直後に、お母さまも乳がんにかかって治療中であることを私も知っていました。

大変仲の良いご親族なので「なんでうちの親戚だけがこんなに続くのやろか」と、彼女は不安や混乱を隠せない様子でした。でも「セカンドオピニオンっていうやろ。それで来週、ほかの病院にも予約取れてるんよ」と、二つ目の病院に問合せ中であることを知り、彼女が病気に立ち向かおうとしている思いを知って、少し安心しました。

彼女の加入中の保険は、定期保険と三大疾病保険定期のセットと、医療保険（単体）という組合せで、死亡保障には特定の疾病時に「払い込み免除」となる特約が付いていました。また、息子さんの保険にも契約者の特定疾病時に払い込み免除となる特約が付加されていました。

彼女に、加入中の保険をあらためて説明し、払い込み免除となる保険が二本あり月々の保険料二万円以上が浮くこと、また三大疾病保険でまとまった金額（数百万円）の給付をすでに受けられること、今後に入院や手術があれば医療保険から給付金が出ることを説明しました。

「そしたら、お金のことは気にせんでも大丈夫なんやね」と彼女は「ほんまに良かった」と涙ぐみました。私も思わずぐっと涙をこらえました。

また私から、病気のときは検査や通院で忙しく治療費もかかることから、ほかの保険契約について、うっかり保険料の未払いになると、保険が失効する場合があり、元に戻せないケースもあるので、病気のときこそ支払いには注意してほしいということを説明しました。

「早く話さなあかんと思ってたけど、でも病院もあるし、子どもの塾のお迎えとか忙しいやろ。なんか頭も悪うなってて、全然考えられへんのよ」と言う彼女。

病気への不安と戦いながら、アレもコレもと主婦業や母親業に追われ、几帳面な性格の彼女が、今まで当たり前にできていた日常をこなせなくなっていることにもストレスを感じている様子が伝わってきます。

「保険料の支払いは私も毎月チェックをしているから、もしも遅れたときは連絡してもいい？」と聞くと「ありがとう」とほっとした様子の彼女。

乳がんは今や治る病気であることや、私の周りの乳がん患者がすべて克服していること、克服後はみんなが口をそろえて、人生観が変わって生きる喜びが二倍に感じられると言い、みんながみんな病気前よりもなぜかとっても元気で生き生きとしている、ということを話すと「私もそうなれるんやろか」と言うので「絶対に大丈夫」と太鼓判を押すと「楽しみにしとこ」と笑ってくれました。

「下の子も小学生だし、病気に負けてられへん。頑張るわ」と力強い言葉を言ってくれた彼女と握手をし、後姿を見送りました。

後日、書類をそろえて手続きを行う際にお目にかかると、治療方針も確定してかなり吹っ切れた様子で「ほんまにいろいろありがとう。私頑張るから」と明るい笑顔で言ってくれて、この彼女の笑顔のために、保険が少しでも役に立てたと思うとうれしくなりました。

そして用意しておいた各種の請求手続きの用紙を渡し、書き方の見本にマーカーで印を付けたり、付箋を貼ったりして、彼女の混乱が少なくて済むように工夫をすると「こういうの、ほっとするわ」と、非常に感謝されました。

つい先日、息子さんにばったり会いました。妹さんの塾のお迎えに来ていたようで、妹さんの手を引いてました。「お母さんどう?」と聞くと、抗がん剤の治療が始まって具合が悪い日も多いけれど、家族や親族みんなで支えて応援している様子を聞きました。「頑張るように伝えてね」と言うと「ありがとうございます」と深々と礼をする高校生の息子さんに、ひとまわりたくましくなったと感じました。こんなに頼りがいのある息子さんがいて、彼女もきっと心強いことでしょう。

治療が終わるころには、きっと以前よりも、もっと生き生きとした彼女に会えることを、私も待っていたいと思います。

二〇〇七年四月

◆二　保険給付金請求の現場から◆

その❷　保険バンザイ

保険とは、万一の時に役に立ってこその商品です。思わぬ病気やけがに見舞われて入院や手術が必要になったとき、費用がかさむ不安や、生活をおびやかされる不安が少しでも解消されることが、どれほど意味のあることか。

実はこの私自身も保険に支えられた経験を持つ一人です。今回は自分の経験を披露して、保険で助けられる側の人の気持ちをお伝えしたいと思います。

一九九八年二月、朝から激しい頭痛がして熱を測ると三九度。そのころ世間ではインフルエンザが流行し、それで亡くなる人も出るなど話題になっていた時期で、これはインフルエンザだろうと思い込み数日寝込みました。少し熱が下がってきたので念のためかかりつけのお医者に行こうとしましたが、休診日だったため近所の大学病院に行くことにしました。

自転車でふらふらになりながら何とか病院にたどり着き、大混雑の待合室でもうろうとして待ち、やっと名前が呼ばれて診察を受け「血液検査を」と言われましたが、もう検査室まで歩く力が残っていなくて、そのまま簡易ベッドに横になって血液採取をしました。三〇分が過ぎたころに医師が枕元に来て「急性肝炎です。すぐに緊急入院してください」と告げられました。「インフルエンザじゃないの？　入院なんてそんな……」と思いながらも、すでに一歩も歩けない状態。当時は携帯電話がない時代なので、車椅子で公衆電話の前に連れて行ってもらい、学校・保育園・知人宅と電話をして子どもを預かっていただく手配を済ませたところで限界が来て、ほとんど意識が遠のき、気が付くと病室でした。

症状が重かった最初の一〇日間あまりは、実はそんなに記憶がありません。果てしなく具合が悪く一〇秒以上継続して物事を考えることができない中、途切れ途切れに思ったことは、医師から説明を受けた詳しい検査には一週間かかるということと、肝炎にはいろいろな種類があり、場合によっては重症となるか死に至る可能性があること、自分はたぶん覚悟をしなければいけないのだ、ということでした。

当時、私の子どもは六歳と三歳。ひとり親家庭のわが家にとって、自分が死んだら子どもたちがどうなるのかなど、考えるべきことは山積みでした。人が本当に死を覚悟したときにどのような心理になるかというと「いろいろあったけれど自分は頑張って生きてきたし、悔いはない」と思ったことを覚えています。そして「そうだ、私は保険に入っている。もしもの時も、お金があればきっと子どもたちも皆に迷惑をかけることなくかわいがってもらえるだろう……保険ありがとう、保険バンザイ！」と安どしながら思ったことを覚えています。

今思えば、幼い子を残して「悔いがない」とか「保険バンザイ」などと、現実離れしたことを考えたものだと思いますが、しかし逃れようのない現実を前に覚悟したとき、人は、何か日常を超越した心理になる部分があるようです。大病を抱えている人の多くが前向きに懸命に生きているのは、こうした心理や覚悟によるものなのだと知ることにもなりました。

さて、私の病状は一〇日目を過ぎたころからめきめきと回復して、数日前まで歩くことはもちろん、会話さえまともにできなかったことがうそのように日々元気になり、もうろうとした頭も少しずつ晴れていきました。

すると、子どもたちにどれほど不安な思いをさせたかといたたまれない気持ちになったり、やりかけの仕事を当時の上司がすべて対応してくれて、自分のお客さまに迷惑をかけることなく滞りなく進んでいることがわかって、うれしく思ったりしました。

また当時は営業職員だったので、今まで使っていなかった有給休暇がたまっていて一か月休んでも普段と変わらない給与となることがわかってほっとしたりと、自分は周りに支えられ助けられて生きていることをあらためて感謝する思いになりました。

しかし、症状が最も重かったときに入っていた個室の差額ベッド代が、卒倒しそうなほど高額であることを知ったときは、正直、青くなりました。

ただ、加入中の医療保険は、当時にしては珍しく高額設定をしていたおかげで、結果的に持出し金はわずかで済みそうだとわかりました。

ところで、同じ病室の一人が、途中、重症で亡くなるということがありました。夜中に容態が悪化したときに、看護師さんが来るまで、私が手を握って励ましました。すると彼女は、私の手を握り返して笑顔を作り、「ありがとう」と言ってくれました。翌朝彼女は亡くなりましたが、彼女の最後の笑顔の輝きに、生きることや、命を全うすることの意味を考えさせられる経験でした。

そんなさまざまな経験や思いを持って迎えた自分の退院の日、当たり前にそばにいてくれる子どもたちの存在と、当たり前にごはんが食べられること、当たり前に働けること、今まで当たり前だったすべてのことが、どれほどに貴重であるか、生きているだけで、人は十分に幸せなんだということを実感しました。

そしてもう一つ、生命保険の保険料は、この先、どんなに支払いが苦しいときも、どんなことをしても払い続けようと決意をしました。もうろうとしながら「保険バンザイ」と思ったことや、実際に医療費を支払うときにも、保険のありがたみを心から実感したからです。保険という商品が、病気やけがなど万一のその時に、本人にとってどれほど心の救いとなるか、私は身を持って知ることになりました。

二〇〇七年五月

◆三　保険給付金請求の現場から◆

その❸　元気が取り柄な人に訪れた病

日頃から元気だけが取り柄という人でも、思わぬ病気やけがに見舞われる可能性は誰しもあると思います。今回はそんな、元気な人が病気にかかってしまったという女性お二人の事例を紹介します。

まず一人目は、五〇歳代の女性。この方は居酒屋の気さくなママさんで、常連のお客さんが多数にぎわう居酒屋を経営しています。ご本人はまったくお酒を飲まない方で、週に一度はゴルフに行くなど活発で社交的、自他ともに認める健康で元気な人です。私にとっても長年のお客さまで、とても仲良くしておりました。

そのママさんから、人間ドックで「未破裂脳動脈瘤」という診断を受けて手術をすることになった、と電話で連絡がきました。私も非常に驚いて症状や体調をうかがうと、まったく自覚症状もなく元気そのもので、ご本人も大変に驚いたとのこと。電話の声も明るく元気で「まいっちゃったわ〜」と笑い声で話され、「病気が早く見つかってよかったということよね」と、数日後の手術に向けて前向きな気持ちでいる様子が伝わってきました。そして「お店を休まなければいけないので、お客さんたちに申しわけなくて」とおっしゃるので、そんなことは気にしないで、とにかく病気を治すことに専念してほしいと伝えました。

ご本人は前向きでしたが、しかし脳の手術ですから私も非常に心配で、その後の様子を家族の方に尋ねたりと気にしながら数日が過ぎました。無事に手術を終えて退院し自宅療養されていると聞いていた時期に、偶然にお店の前を通りかかると、なんとママさんはもうお店に出ているではありませんか。

私が「手術をした後なので無理してはダメですよ」と言っても、働き者のママさんは「じっとしているのがイヤなのよ」と言って、いつも以上に明るく振る舞っている様子で、お店で常連のお客さんと話すことがよほどうれしかったのかもしれません。

そして「保険給付金のおかげで治療費を心配しなくても済んで助かったわ。みんなも保険に入りなさいよ」と常連さんたちと保険の話で盛り上がり、私も苦笑しつつ、お役に立ててよかった、と感じました。

しかしあとから聞いた話によると、やはり数か月間は時々体調が悪くなり仕事を休む日も多かったそうです。ご本人も自覚されたようで、もうむちゃはできないと、好きなゴルフもやめて生活をあらためることになったそうです。

さて、二人目は四〇歳代前半の女性。この方も大変に健康でバリバリに仕事をこなす女社長さんです。才能にあふれた優秀な人で、企業研修の講師や大学講師などをされています。華やかな笑顔のとても素敵な人ですが、教壇に立つとシャープな指導力を発揮され、そのメリハリの素晴らしさに、男女問わず彼女のファンは多く、私もその一人でした。

この方から保険を見直したいと相談を受け、旧式タイプの医療保険の見直しと、経営者向けの死亡保険をご契約いただきました。

そして、そのわずか数か月後に、子宮筋腫で手術を受けることになったと連絡が来たのです。これも健康診断で見つかったそうで、今までほとんど自覚症状がなく驚いたそうですが、早めに治しておこうと、手術することになったそうです。

しかし手術後は思った以上に回復に時間を要して、退院後も一か月以上自宅療養することになったようです。さらに、病み上がりながら仕事を始めた矢先、駅のエスカレーターから落ちて足をねんざするというけがに見舞われ、しばらくはつえなしには歩けない状態となりました。何か、悪いことが続くときというのはこうも続くものなのかと、考えてしまうほど不運が連続していて大変にお気の毒に感じました。

その間、当然ながら仕事がまったくできない状態となられましたが、旧式タイプの医療保険を解約する前だったそうで、二つの医療保険から給付金を受けることになり、それが生活面でも精神面でも大きな安心の糧となったそうです。

普段バリバリに働いている彼女が、思わぬ試練の時を過ごして、健康というものについてあらためて考えさせられる機会となったと、あとからうかがいました。

普段、健康で元気な人ほど、思わぬ病気やけがに見舞われたときに、病気やけがそのものの辛さ以上に、今まで当たり前にできていたことができなくなるという精神的なストレスや、周りから遅れを取るような不安感に陥るものかもしれません。特にこのお二人は、退院後も数か月自宅療養することになりましたが、最近の医療は、このように入院期間が短くなり、その後の自宅療養期間が長くなるという傾向があるようです。

保険の給付金は、単に入院や手術の費用を補てんするだけでなく、こういった退院後の長い自宅療養期間の生活を支える、という意味でも大事なものだと感じます。

さて、今まではやりたいことを思うとおりにやり遂げて自由に生きてきたお二人の女性は、病気のあと、以前とは少し変わって温和になったように私は感じます。自分を大切にすることや、支えてくれる周りの人の気持ちが心に染みたのかもしれません。

二〇〇七年六月

◆四　保険給付金請求の現場から◆

その❹　命の誕生を支えた保険

前回、「元気が取り柄な人に訪れた病」として、四〇歳代の女性社長さんのことを紹介しました。保険の見直しをしたあとに、健康診断で見つかった子宮筋腫の手術を急きょすることになり、術後体調が戻らないうちに今度は足をけがする、というアクシデントが続いた方です。今回は、同じその方の続編の紹介です。

普段、大学講師や企業研修の講師などで大活躍している彼女は、大変に聡明（そうめい）でパワフルなキャリアウーマンです。普段の華やかな笑顔と、教壇に立ったときのシャープな指導力という魅力に、ファンも多く、男女ともに多数の知人に囲まれているような人です。そして、自立して独身生活をおう歌している人でもあります。

しかし、思わぬ病やけがが連続したそのときに、そばで支えてくれた年下の男性と、その後、ナントめでたく結婚をすることになりました。

周りの人たちは私も含め、一様に驚きましたが、皆に祝福されての楽しい結婚式に私も出席し、新しい門出を祝いました。

というように、彼女が急に結婚を決意したことは周りの人から見るとかなり衝撃的でしたが、結婚して一か月で今度は妊娠したことがわかり、もっと驚くことになりました。

彼女のインターネットの日記によると「すごい高齢妊娠に子育ての体力不足、といろいろと頭を駆けめぐったが、結局自然の流れのままにすることにした。途中、流産したらそれも受け止める。自然に出産できるまでに育ったら、この世に送り出そう」とあり、さまざまな不安の中で決意をされた思いが伝わってきます。

妊娠初期のころは、仕事や出張も普段どおりにこなして活発な妊婦さんをしていた彼女ですが、中盤以降は「前置胎盤」と診断を受けて、絶対安静の状態になりました。前置胎盤とは、胎盤の位置が下側にあることから、突発性の大量出血を起こす可能性のある症状です。場合によっては非常に危険な状態となるため、私も心配していました。

そんな、いくつものリスクを抱えての妊娠期間は、普通ならばナーバスになりがちなところを、彼女は「外に出られなくてつまらないわ」と、明るく非常に前向きに捉えている精神力の強さに、さすが、と感心をさせられました。

しかし前置胎盤の危険が現実のものとなり、彼女は出産予定日の一か月前に大量出血を起こして、帝王切開の緊急手術を受けることになりました。赤ちゃんは未熟児で生まれたため、正常な呼吸ができるようになるまでＮＩＣＵ（新生児特定集中治療室）に数日間入ることになり、また彼女自身も重度の貧血で重症の状態となりました。

一般的な出産の入院期間は一週間ぐらい、帝王切開でも通常一〇日あまりですが、重症となった彼女は、赤ちゃんとともに三週間入院をすることになりましたが、そんな大変な状況を乗り越え、母子無事に、退院を迎えることができました。

赤ちゃんは元気にすくすくと成長する傍らで、彼女自身は産後の回復に時間がかかり、貧血が激しく、医師に「授乳をすると命にかかわる（※母乳は血液から造られます）」とまで言われたそうで、思うように動けない状態が長く続き、赤ちゃんが生後二か月となっても、本調子に戻っていない状況です。

ところで、出産についてどのぐらい費用がかかるか皆さんはご存知でしょうか。保険業界に携わる方は、一般知識として知っておくと役に立つこともあると思います。

地域によっても差があると思いますが、普通分娩で三五万～五〇万円という金額が一般的であると、出産雑誌などを見ると書かれています。また私立総合大学病院などでは六〇万円近い金額になるようです。

帝王切開など普通分娩ではない場合は、事実上の医療費は上がりますが、公的医療保険が適用となるため、自己負担額は普通分娩とあまり変わらない場合が多いようです。ただし、今回の方のように入院期間が長引くと、差額ベッド代などが高額となるため、いずれにしても、余裕をもって出産に臨む必要があります。

実は、彼女とその赤ちゃんの出産にかかった医療費の総額は、大事をとってさまざまなリスクに万全に対応できる病院を選んでいたことや、重症のため個室を利用されたこともあり、なんと一六〇万円という金額となったそうです。ある程度は覚悟のうえで準備をされたことと思いますが、それでも、かなり大きな出費です。その一部を、医療保険の保険金給付によってカバーすることができたので、お役に立ててよかったなと感じました。

つい先日のこと、私はご招待を受けて彼女のお宅を訪問しました。元気一杯に泣き声をあげる赤ちゃんに、彼女はかいがいしく世話を焼いていて、ご本人は無意識だと思いますが、日頃のキャリアウーマンの彼女とは違った優しさがあふれていて、母性本能とは素晴らしいなとつくづく感じました。

二年前の子宮筋腫の手術に引き続いて、今回の前置胎盤や帝王切開手術による入院・手術給付金も受けられることについて、彼女に感想をうかがうと、「病気やけがや、さまざまな不安を抱えながら日々を過ごす中、保険に入っていることで心配や不安感が少しでも減ることにより、精神的に支えられる面は大きかったと思う。また、女性の方は四〇歳代以降になって女性疾患系の病気になる事例を自分を含め周りでも多く耳にするので、〝女性向けの医療保険〟は大切だと実感している」との貴重な意見をいただきました。

そして、私も久しぶりに新生児を抱っこさせてもらい大満足。赤ちゃんというのは周りを幸せにしてくれる大きな力を持っているのでしょう。この素晴らしい命が無事に産まれてきたことの一端を、保険給付金が支えたのかなと思うと、保険営業の仕事みょうりに尽きる思いになりました。

二〇〇七年七月

◆五　入院生活の実況中継　その❶◆

実はこの原稿は病室で書いています。人生三度目の入院、そして二度目の手術です。前回は頸椎（けいつい）の疾患による手術ですが、今回は左足の人口股（こ）関節の手術です。ということで、今回は入院生活実況中継と題して、患者の立場から感じることを書いてみたいと思います。

まずは今回の入院の経緯ですが、私は手術を受けるために二〇一四年二月一〇日から入院し、三日後の一二日に手術を受けました。予定では三週間の入院生活で、今はちょうど折り返し地点といったところでしょうか。四年ほど前にも頸椎の手術で入院した経験があり、今回も同じ大学病院の整形外科を選びました。なぜ同じ病院を選んだのか、勝手知ったる環境だからということもちろんありますが、病院の設備や環境や体質が、術後の回復のスピードに影響すると感じているからです。

この病院は約五年前に全館リニューアルとなった一五階建ての近代的な大学病院の医療施設です。病院の一階には、銀行のATMや複数のコンビニはもちろん、カフェやレストランがいくつか並ぶフードコートなど、洗練された空間が広がっています。また入院病棟の病室からは、晴れた日には富士山の眺めが素晴らしく、快適で恵まれた環境と感じます。そして医師や看護師ほかスタッフの皆さんが、非常に親切丁寧で患者一人ひとりを大切にする姿勢を感じさせる病院です。前回の入院でこの病院の環境の良さを実感していたので、今回も迷わず選んだわけです。

これは患者としての正直な気持ちですが、入院中の環境は、患者の回復のスピードに大きく影響するという実感があります。なぜなら、特に手術を伴う入院の場合、術後の体力の回復やリハビリの進行スピードは、患者のメンタルにかなり左右されるからです。

手術を伴う病院を選ぶとき、医療技術などの実力や前評判がもちろん一番大切な要素ですが、こうした「環境」が及ぼす影響もかなり大きな要素だと感じます。朝、目が覚めて窓から美しい富士山を見て今日も頑張ろうと思える、親切な看護師さんに励まされて嬉しくなって頑張れる、それだけのことで回復のスピードは変わるものです。人間とは案外そんなものだと思います。

次に、病室の選択についてです。

入院にかかる医療費用は病室の差額ベッド代によって大きく差が出ます。差額ベッド代は全額自己負担となりますので、どの部屋を選ぶのかということが入院費用を決める要素となります。

私が入院した病院の差額ベッド代の種類はそれぞれ一日、四人部屋（トイレ付）五〇〇〇円、同（トイレ・シャワー付）八〇〇〇円、個室（トイレ・シャワー・電話付）二万円、このほか、差額ベッド代無料の部屋が少数あります。東京都内の大学病院の一例として参考にしてください。差額ベッド代はもちろん安いに越したことはありませんし、無料の部屋だから医療サービスの質が落ちるということも基本的にありません。しかし、人気の高い医療機関ほど空きがない場合が多いと思われます。

また別の視点で言うと、差額ベッド代の安い部屋には長期入院患者や重症患者が多いという傾向があります。たとえば非常に重症な人が同室にいて、自分も同様になったら……と不安になる場合もあり得ます。またトラブルを起こすような、やや問題児の患者と偶然にも同室になってしまうこともあるかもしれません。ストレスを感じながら術後の回復を図るのはリスクとなります。

自分のメンタルに不安がある人は、差額ベッド代が高めの部屋のほうがこうしたリスクを避けられる可能性が高いと思います。もちろんあくまで可能性の問題であって、値段が高いほうが絶対に良いとは言い切れませんので、その点は誤解のないようお願いします。

それに、重傷の人が、耐えて頑張る姿を見て頭が下がる思いになり、自分も頑張ろうと思う原動力になる、という具合に、何事も前向きに捉えるのが上手に乗り切るコツとなります。

そしてほとんどの場合、同室の仲間はともに励まし合う同志として非常に仲良くなり、退院後も交流が続くようなケースも多々耳にします。痛みも辛さも自分だけではない、みんな一緒に頑張っていると思える仲間の存在は本当にありがたいものです。私自身も同室の方々に励まされながら術後の日々を過ごしております。ちなみに個室についてはどうなのか、実際に個室に入院した患者さん複数名に尋ねてみました。すると回答はさまざまでしたが、一般論として「一人でいる時間が長い個室は孤独」と感じる人が多いようです。ただし、一人でのんびりできて良いという人や、仕事を抱えて入院する場合はじっくり仕事に集中できる個室が良いという人もいました。それぞれの立場や性質によって、ふさわしい部屋を選ぶ参考にしてください。

ところでテレビドラマの影響もあり、大学病院というと権力抗争の場というようなイメージもありますが、私の印象では、医師たちは非常に研究熱心で自分の専門分野に情熱を持つ職人です。多数の医師が、手術内容などについて、夜遅くまで議論し合う様子をたびたび目にします。そうやって、医療現場は人間力で進歩していくのだと肌で感じます。

どんな業界でも、プロフェッショナルほど誰よりも忙しく働くということを実感します。私も退院したら自分の仕事にまい進したいと思います。それまでは焦らずに、リハビリ入院生活を頑張りたいと思います。

二〇一四年二月

◆六　入院生活の実況中継　その❷◆

前回、入院中の病室から原稿を書きましたが、予定外に入院が長引き、現在も入院中です。というわけで、今回も患者の立場から感じたことや経験して感じたことを書きたいと思います。医療保険をお勧めする際や保全の際など、お客さまとの話題づくりなどにお役立ていただければと思います。

前回もお知らせしたとおり、私が入院したのは都内の大学病院の整形外科です。病院は約五年前に全館リニューアルした近代的な医療施設で、一階にはフードコートなどがあり、病室からは晴れた日には富士山の眺めが素晴らしいという、非常に恵まれた環境にあります。今朝も窓から富士山が見えて、同室のお仲間と一緒に、本当に美しいネと盛り上がりました。

そんな具合に、患者たちが非常に明るく仲良くなりやすい傾向がある整形外科病棟の特徴を最初に紹介します。

整形外科は、手術や過酷なリハビリなどがある診療科ではありますが、それでもほとんどの人がいずれは回復に向かうため、皆互いに励まし合い親しくなる傾向が強いようです。またリハビリのために廊下で歩行練習する人もいますから、ほかの部屋の人も含め、患者同士が顔見知りになります。

入院の理由はけがや骨折が半数です。残りの半数は、ひざや股（こ）関節の人工関節置換手術患者や手足の指の病気の人、脊髄（せきずい）疾患の患者などです。ちなみに今の医療では、術後二日ほどで歩行練習が始まるケースが多く、そのほうが回復が早く入院期間も短くなります。人によっては術後の患部が痛むうちからリハビリが始まります。

このようにみんなが黙々とリハビリに励みますので〝寡黙な努力家〟が身近に多数存在してい

るという環境です。そんな中で、自分だけが痛いとか辛いとか、弱音を吐く気にはとてもなれません。誰もが前向きに頑張りやすい環境、それが整形外科です。

一方でほかの診療科では、同室内でもベッド回りのカーテンを閉めきり会話もしないという場合もあるようです。ただこれは同室の人たちの性質にもよると思います。私は一九九七年に内科に入院したことがあり、そのときは六人部屋でしたが、同室の皆さんと非常に仲良くなりました。ただ、そのうちのお一人が私の入院中に亡くなりました。縁があって数日だけでも仲良くなった人の、命のともしびが日々小さくなっていく現実を粛々と受け止める、病院というのは特殊な環境とも言えると思います。あのときは、命の尊さを学び、退院をしたら精一杯生きようと心の中で決意した思い出があります。

さて次に、手術のリスクなどについて紹介します。

私の病室は四人部屋ですが、そのうちお一人は術後の感染症により、すでに半年近く入院している人です。どんな手術にも付きものなのが、この感染症のリスクです。感染症になると場合によっては命にかかわることになります。そのため、たとえば人工関節手術を受けた人が感染症になると、人工関節を再度取り出す手術をすることになります。感染症はめったに起こらないことではありますが、しかし目の前に、そのめったに起こらないことが起こっている人がいます。

彼女（A子さん・六五歳）は今後もあと数回の手術が必要で、退院のめどは立っていません。しかしＡ子さんは非常に強い精神力の持ち主で、ご自身のメンタルをしっかりと保っているので本当に尊敬してしまいます。普段は物静かな人ですが、時々発する一言が面白く、看護師さん一人ひとりの個性を驚くほどよく把握していたり、シュールな冗談を言ったり、かと思えばアイドルグループの大ファンだったりと個性派です。今後の手術についても「私は、まな板の上の鯉。煮るなり焼くなり好きにして」と、冗談めかして笑っています。

彼女には、先の見えない不安の中でも精神力を保つコツのようなものを学ばせられます。一言で言うと「回りに左右されることなくわが道を生きる」というようなことではないかと感じます。彼女の一日も早い回復を、私も、そして病棟のスタッフも皆心から祈っています。

続いて、同室のもう一人の方は、ひざの人工関節手術をしてリハビリも進み、回復してきた矢先に転倒して骨にヒビが入って入院が長引いた人です。整形外科で起こりやすいリスクが、この「転倒」です。術後は誰もが体が思うように動きませんから、うっかり転んでしまう危険があります。しかしこの方も、なんとか明日無事に退院というところまでこぎ着けました。足掛け五〇日間の入院だったそうですが、やっと退院が決まり喜びもひとしおのようです。

最後に私自身ですが、私も入院が長引きました。その理由は、手術患部とはまったく異なる箇所にちょっとしたキズができて、そこがほんの少しだけ化膿（かのう）した、という出来事の影響です。わずかな化膿でも手術患部への感染症につながるリスクがあるため、退院間近だったはずが一転して点滴と安静生活に逆戻り。医師が複数名駆けつけ緊張状態になり、予想外にオオゴトになってしまい申しわけない限りです。しかし数日後にはすっかり治って危険も回避できたもようで、来週にはめでたく退院予定となりました。

ところで病室にはもう一人、つい先日入院してきた二〇歳の女子大生がいます。ご両親が時々お見舞いに来てもほとんど会話がない、そんな年頃のお嬢さんです。その彼女に、ご両親がどんなに心配しているか、娘の前で普通に振る舞っていても本当は耐え難い思いでいることを、同じ世代の娘を持つ親の一人として伝えました。すると、術後は両親ともっと会話をしたいと、彼女は言ってくれました。

病気や手術は、苦しいことではありますが、生まれ変わって次のステップに進む、そういうきっかけになる体験でもあると思います。私も退院後は、また新たな気持ちで一日一日を大切に生きたいと思います。

二〇一四年三月

◆七　思った以上にかかる?　医療費事情◆

入院した場合の医療費がどのくらいかかるのか、同じ治療でも地域や病院によって差があるものなのか、気になるところですよね。

実は最近、わが家の次女（二五歳）が急病で六日間ほど入院しました。そこで今回は、そのときにかかった費用や感じたことなど、実際の現場はどうであったかをお知らせしたいと思います。

次女は一月下旬、風邪症状で高熱が出たためにかかりつけの内科を受診し、扁桃（へんとう）腺炎とのことで薬をもらって帰りました。しかし高熱が数日間続き、扁桃腺がさらに腫れて、ついには水も薬も飲み込めないほどに。日曜でしたが緊急事態と感じ、タクシーに乗せて近くの大学病院の救急外来へ連れて行きました。

診断は「扁桃周囲膿瘍」とのことで、急きょ入院することになりました。医師の説明では、扁桃腺に針を入れて膿を出せば回復が早まるとのことで、その場で治療を行ってそのまま入院となりました。入院中は点滴治療を行い、六日後に無事退院となったわけですが、請求明細書を見て本人もびっくり。一二万円以上の金額でした。その内訳は図表のとおりです。

差額ベッドについては、患者側の同意が必要であることは承知していましたが、本人は高熱にうなされているうえ、多くの重病人が運ばれて来る救急外来内で押し問答することもできませんでした。このように実際の現場では、やむを得ず差額ベッドに同意する場面があることも知っておく必要があると思います。

①は治療にかかった費用です。
②食事代は現在一食三六〇円です。
③大学病院を紹介状なしで受診したための費用。病院によって金額が異なるそうです。また、救急車で受診した場合はかかりません。
④会社に提出する医師の証明書。
⑤六日間の入院のうち、三日間について差額ベッド代が発生しました。有料の部屋しか空いていないと説明を受け、同意書にサインせざるを得ない状況でした。

（図表）請求明細書の内訳

医療費の種類	金　　額	高額療養費制度適用後の自己負担額
①診療分負担額	86,430円	57,600円。ただし緊急入院のため返金は会社の健康組合を通じ4か月後
②食事代	3,600円	高額療養費適用外、全額自己負担計34,920円
③選定療養等	5,400円	
④文書費	3,240円	
⑤差額ベッド代	22,680円	
合　　計	121,350円	実質負担合計92,520円

次女には、「社会人になったら自分のことは自分で」というわが家のおきてにより、自分で支払うよう話し、泣く泣く了承させたのですが、実際には、タクシー代や入院中の生活用品などそれなりの費用は親の私が出しました。たびたび病院との往復が必要で、私の仕事にも影響が出ましたし、心労で正直へトヘトになりました。

家族が入院すると、本人の医療費以外にもさまざまな負担がかかるという現実があります。

次女は日額五〇〇〇円の医療保険に加入していました。そのため受け取った入院給付金は六日分で計三万円。学生のころは私が保険料を支払い、もっと手厚い保険に加入していましたが、先述のわが家のおきてにより今は五〇〇〇円のみ。「こんなことなら日額一万円にしておけばよかった」と次女も後悔しきりでした。これも社会勉強だと言い含め、結局、次女にとっては手痛い出費となりました。

ところで、後日談があります。

私の両親が次女に「お見舞い」として二万円をプレゼントしました。これは甘え上手な孫の特権でしょうか。

さらに後日、会社の健康保険組合の福利厚生により、図表の①診療分負担額のうち、自己負担は二万円までで、それを超えた分の医療費は戻ってくることが判明しました。しかも、休んだ日は大半が有給休暇扱いとなりマイナスは一日分だけ。次女は、会社の福利厚生制度のありがたみを実感したと大喜びでした。

さらにさらに、保険会社から「診療費の領収書の『手術』欄に点数が付いており、手術給付金の対象になる可能性がある」との通知が来て、病院に確認したところ、最初の治療が「手術」であることがわかり、手術給付金五万円も給付されることになりました。

こうした保険会社の顧客本位の姿勢、素晴らしいですね。次女も「保険って本当にいいね！」と大変ありがたがっておりました。

とは言え、交通費など一部費用を出してあげたり、心配してヘトヘトになったりした親の私の立場は？ と多少納得いかない気分もありますが……。それでも家族は元気が一番ですね、本当に。

◆八　公的介護保険サービス体験レポート　その❶◆

保険募集人にとって「介護保険制度の仕組み」は、知っておかなければならない知識の一つです。日本は高齢化社会ですから、今後は机の上の知識だけでなく介護の実態や現場のことも知る必要度が高くなっていくでしょう。

そこで今回は公的介護保険制度の申請やサービスの現場について、私自身の経験を踏まえてお知らせします。ご家族などで介護認定を受けた方がいる人には、すでにご存じのことも多いと思いますが、私自身の目線で、知っているようで知らなかったことなどをお伝えしていきます。

最初に介護保険制度についておさらいですが、介護認定は通常六五歳以上が対象です。しかし「一六種の特定疾病」に関しては四〇歳以上から対象となることを、勉強された方は思い出してください。

現在五一歳の私は、このうち二つに該当する疾患があります。

以前にも書いておりますが、二〇〇九年一一月に頸椎（けいつい）脊柱管狭窄（きょうさく）症の手術を受けており、まだ今も半身にまひが残る症状があります。歩くときはつえが必要で人よりもゆっくり歩き、長距離歩行は難しいのです。また二〇一四年には人工股（こ）関節の手術も経験しています。

そこで数年前に、介護認定について区役所の窓口に話を聞きにいくと、窓口の人に「一八歳以上の人と同居していると認定は取れない」という間違った説明を受け、それを鵜呑みにして帰ってきた経緯があります。

勉強していたはずなのに、言われるまま帰ってきた自分も悪いのですが、公的制度の窓口はこのように不完全で間違ったことを言う可能性があることも一つ勉強になりました。わが家には大人の年齢に達している娘たちがいるので、そのために受けられない介護サービスもありますが（家事サービスなど）、認定自体は家族構成や同居の人の有無は無関係と、私も今年（二〇一六年）になって知人のケアマネージャーに教えてもらいました。

また、私自身の現在の症状をもう少し詳しく説明すると、脊髄神経の一部がまひしていることもあり、そのまひが少しずつ進行している実感があります。理由は体が不自由なため気軽に運動ができないことや、転倒の恐怖感もあり独自で運動や訓練やジムに行くのが難しい、という悪循環の影響を感じています。

普通の人でも運動不足は体に良くないのに、体が不自由な自分にとってはもっと良くないだろう、それはわかっていても、自分一人だけではどうにもできない現実がありました。一般的にも、高齢者の方が多少でも体が不自由になると、そこから加速度的に不自由さが進み寝たきりに進行しやすくなると言われています。これも、同じ悪循環が原因でしょう。

私も、早く対策を取ったほうがいいと感じていながら、方法が見つかりませんでした。手術して退院した後は、定期的にリハビリのため病院に通っていた時期もあります。しかし医療行為としてのリハビリは原則として最長三か月（または四か月）までという縛りがあります。

ですから四か月後からはリハビリに行けなくなり、治療も訓練もできなくなって、でも一人では運動もできず、どうしたらいいか悩んでいました。そんなときに、介護施設でも専門の先生の下でリハビリや運動ができることを知りました。でも介護認定を取らないと使えない、ですから介護認定申請をしてみようと思ったわけです。

ところで、介護認定というと車椅子や認知症などのイメージを持つ方も多いかもしれません。私もそうでした。しかし運動などで身体低下を防ぐ「介護の予防」にも活用できるのです。高齢者の方でも、まだまだ元気だけれど少し足腰が弱くなったという場合、早めに運動やリハビリすることで、寝たきりを防ぐ効果があります。だから対策は早いほうがいいのです。

なお、こうしたサービスを提供する介護施設は一般的に「介護予防通所リハビリテーション（デイケア）」または「通所介護（デイサービス）」と呼ばれています。医療行為としてのリハビリは医療機関が行いますが、日常生での身体低下を防ぐリハビリは、これらの介護施設で行うという住み分けがあります。

続いて、実際の認定や申請の手続きについてです。

介護認定の受付窓口は、各地域にある「地域包括支援センター」という所です。ご家族の認定相談などもここが話を聞いてくれます。

私も二〇一六年一月ごろそこに行き、自分の症状について話し、制度の仕組みなどの説明がありました。対応される方は、普段から高齢者の方に説明している専門部署であるためか、非常に親切丁寧でわかりやすく、本当に感心させられました。

そのほか、六五歳未満の「一六の特定疾病」には主治医の意見書が必要とのことで、どの病院に通っているかなどを聞かれました。病院には直接、意見書の依頼がいくそうで、ほかのお役所関係の手続きは非効率で手間がかかるものが多いのに、高齢者に対しては無駄を省いて万全にできている、と実感しました。

次に後日、地域包括センターの担当者と「介護保険認定調査員」がわが家まで来て「訪問調査」というのを受けました。そこでまた同じ話を一からする必要がありましたが、実際に生活している場でどのような不便があるかを見てくれるので、自分では気が付かないこともアドバイスをくれたりして助かりました。そこから認定の結果が出るまで、ちょうど一か月。郵便で「要支援二」という通知を受けたのが二〇一六年三月初旬のことです。

実際の活用はこれからですが、介護施設の体験や見学なども可能と説明されてなかなか手厚いと感じています。お年寄りを大切に扱うのは国としてもいいことだと思いますが、まだ高齢者ではない私も同様の扱いを受けているので、ちょっと恐縮しております。何もかも親切でよくできている印象が強く、日本は高齢者大国なんだなぁ、ということも実感しました。

今後の体験も、また次の機会にレポートしたいと思います。

二〇一六年三月

◆九　公的介護保険サービス体験レポート その❷◆

前回、私自身が介護認定の申請を行ったことを書きました。今回はその体験の続編です。

前回は、介護認定の手続きから認定を受けるまでの経緯と、二〇一六年三月の初めに「要支援二」の認定を受けたことをお伝えしました。

認定を受けると、まずは担当のケアマネジャーが決まります。私の担当は、地域包括センターのケアマネジャーの方となりました。その方が、私の症状や希望などを聞いて、「運動やリハビリをしたい」という私の要望に合いそうな通所介護（デイサービス）の施設をいくつか紹介してくれました。

質問や疑問があり過ぎて、ついついケアマネさんを質問攻めにし、取材しているかのような状態でしたが、それでもケアマネさんは一つひとつ丁寧に説明してくれて、その手際の良さに感心しました。

いろいろ話を聞いてわかったのは、介護サービスを提供する施設は、近所に相当数あるということでした。こんなに身近な所に多数あるのに、経験していない人にはまったく知られていない不思議な世界という印象を持ちました。

そして、実際に利用するサービスや施設の選択と紹介は、担当のケアマネジャーの判断に委ねられていることがわかりました。福祉用具のレンタルや工事などの業者も、複数ある中からケアマネジャーが一か所を決めるそうで、なんとケアマネの方の力は大きいのかと驚きました。さぞかし介護業者の営業攻勢が激しいのでは？　と余計なことまで内心思ってしまいました。

そんな介護制度のひずみの一端も感じながら、早速、デイサービスの施設の見学や体験をしてみることにしました。

実際に体験した施設は全部で四か所。「運動とリハビリ」という目的で候補を挙げていただきましたので、どこも運動用のマシンなどがそろっている点は共通しておりましたが、それぞれに異なる雰囲気や特徴があり、一律ではないことがわかりました。

たとえば、ややスパルタ的に運動させるようなところもあれば、自由気ままにやりたい人だけ運動するようなマイペースなところ、足湯があってアロマの香りがするような癒やし系のところもありました。施設の雰囲気も、参加者で雑談したり和気あいあいで相当にぎやかなところから、皆さんほとんど無言でストイックに運動するようなところまで、施設によってずいぶんと差がありました。

ちなみに私が選んだのは、「無言でストイックに運動できて、療法士の先生が付いていてリハビリ指導する」というような、体育会系なところにしました。自分の目的に合っているからです。でも、足湯のアロマ癒やし系にも結構心惹かれました……。もう少し高齢になったら、ぜひ行ってみたいと思います。

こうした通所介護（デイサービス）の中には、運動中心のところ以外にも、レクリエーションやマージャン、パチンコができるようなところもあるとか。自由度が高いのは悪くないと思いますが、本来の目的とは異なる方向に走り過ぎるのは問題もあるでしょうし、施設の在り方や規定には、まだまだ課題がありそうです。

本年度の介護保険に関する法改正では、福祉用具のレンタル価格改定や、自治体の管理範囲に変更があるとのこと。公的介護保険制度は二〇〇〇年にスタートした制度ですし、今後も改正が繰り返されていくことでしょう。

民間の保険会社の介護保険や就業不能を保障する保険商品でも、要介護認定の判定基準によって給付金を支払うタイプのものが増えています。しかし、介護認定そのものが見直される可能性もないとは言えないので、法律の改正によって民間保険会社の商品にどのような影響があるのか、今後も注目していきたいと思います。

さて、そんなわけでいよいよ私のデイサービス通いが始まりました。

車での送り迎え付きという高待遇には驚きましたが、施設に通う途中で転んでけがをしたら大変ですから、こうした点は手厚いのでしょうね。

そして、運動訓練はご高齢の方々と一緒だから楽勝かと思いきや、日頃の運動不足がたたって毎度ヘトヘトになり、年配の皆さんに笑われながら頑張っております。まだ一か月も経っていませんが、それでも定期的に運動しているせいか、動ける範囲や距離が伸びている実感があり、とてもうれしいです。介護認定を申請して本当によかった！

公的介護保険サービスの体験、また機会を見て報告したいと思います。

二〇一六年四月

◆一〇　公的介護保険サービス体験レポート　その❸◆

私自身が介護認定の申請を行い、要支援二の認定を受けて、リハビリや運動中心の通所介護（デイサービス）に通うようになりましたが、今回はその体験レポート第三弾です。

リハビリと運動をスタートしたのが二〇一六年四月の初め。それから約三か月が経過しました。何事も新しいことをスタートするのは大変なものです。週二回、平日の半日がその時間に取られるという生活が始まりました。とにかく最初は「やたらと忙しくなってしまった」という状態で、生活リズムをつかむのに苦労しました。そのせいか、一時は体調を崩した時期もありました。

それでも何とか継続しているうちに、わずか三か月で、劇的に回復したという実感が生じました。最も大きな変化は、バランス感覚の訓練の成果でした。手すりのあるところで片足立ちをして、手すりから手を離してみるという、それだけの練習。慣れてきたら、座布団など少し不安定なものの上で片足立ち。危険なため、そばにトレーナーに付いてもらい、片足ずつ行います。これをわずか五分程度、週二回だけですが、それを続けた結果、日常生活でふらつくことが激減し、外を歩く際の恐怖感が薄れて外出範囲がグッと広がりました。

気候が温かくなり、慢性的な足腰痛が改善したこともプラスして、数か月前とは別人と言われるほど動きがスムーズになりました。実は昨年の今ごろもそれなりに改善してはいたのですが、冬が来た途端、急に悪化してしまったのです。そのため、次の冬を乗り切るために運動訓練を継続することが大切だと思っています。

また、一緒に参加している高齢の方々も、同時期にスタートして、症状が回復した人が多くいらっしゃいます。一見すると軽い運動にしか思えない訓練が、実は非常に効果的に体幹の筋肉を鍛えていたのです。老齢の方たちでもこんなに回復するものなのかと驚くほどです。

たとえば腰が曲がっていた方が、いつの間にか背筋が伸びて身長が高くなったように見えたり、小股で少しずつしか歩けなかった人が大股で歩けるようになったりと、短期間での変化に、療法技術とはすごいものだなと感心しております。

身近に足腰が弱くなった方がいる人は、ぜひ介護認定を取って運動することをお勧めするとよいでしょう。

ところで、こうした介護や福祉などの公的制度について、私たち保険業界人は、ある程度知識を持つ立場にいるわけですが、しかし自分や家族などの身に及ばない限り、実際の現場で起こることや当事者の気持ちまで具体的に知ることは難しいと思います。

実は今回、複数の業界の仲間が、公的制度などについてアドバイスをくれたのですが、残念ながら全員が曖昧な情報のうえ、しかも誤った内容で、こうした無責任な助言には問題を感じました。

私は自分も専門知識を持つ立場ですし、実際に体験をしたこともあって、奇（く）しくもアドバイスする側とされる側の双方の立場に身を置くことになりました。そうなってあらためて感じたのは、病と闘っていたり、心に不安を持つ人に、曖昧で間違ったアドバイスを押し付けることほど罪深いことはないということでした。

一番まいったのは、「無理せず福祉のお世話になってラクをしては」という類いのアドバイスでした。これは複数の人から言われました。本人たちは親切心で、「無理をしないで」と言いたいつもりなのでしょうが、病気と闘っている人にとっては心が折れる言葉ですし、そもそも福祉制度のことが何もわかっていない態度です。

なぜなら公的福祉制度は、回復の可能性がある人を甘やかすような内容にはできていないからです。実際には必死に回復して働くことが求められます。それが当たり前ですし、働いて自立することこそが生きる力です。

少なくとも保険業界でプロを名乗る私たちは、その点を履き違えてはいけません。

また生命保険商品の中にも、生きていくための保険商品が多くありますが、実際にそれらの保険金を受け取ることになった人に贈る言葉は、保険金を治療費や生活費に活用しながら「安心して治療に専念して、そして一日も早く回復して社会復帰してください」だと思います。「給付金でラクをしてください」ということは決して言ってはいけません。

病と闘う人を支えるのは、本人の、生きて社会復帰することへの強い執着心です。その姿は、健常な人からすれば、時に痛々しく、無理をしているように見えるかもしれません。しかし、その心を折ってはいけないのです。回復のスピードは九割以上が「治したいという本人の気持ち」にかかっているからです。

さて、話は元に戻りますが、リハビリや運動の途中、私が少しサボると、療法士の先生から

「あと一〇回！」などと、げきを飛ばされてしまいます。でも、そうやって叱られるほうがみんな笑顔になり、私も楽しくなります。無理をしないでと言われるよりも、まだできると言われるほうがうれしいからでしょう。

二〇一六年七月

◆一一　公的介護保険サービス体験レポート　その④◆

以前、私自身が介護認定の申請を行い、要支援二の認定を受けて、リハビリや運動中心の通所介護（デイサービス）に通うようになったことを書きました。今回はその体験レポート第四弾です。

第三弾から少し時間が空きましたので、最初に少しおさらいです。

通常の要介護認定は六五歳以上が対象ですが、「一六種の特定疾病」に関しては四〇歳以上から対象となります。現在五二歳の私は、このうち二つに該当する疾患があります。

八年前に頸椎（けいつい）脊柱管狭窄（きょうさく）症の手術、四年前には人工股（こ）関節の手術を経験し、現在は半身に軽い麻痺があり、歩くときはつえが必要で、長距離歩行や段差移動、方向転換などに難があります。

特に冬場は悪化する傾向があり、また低気圧など天候にも症状は左右されます。月に一度程度のブロック注射で痛みを緩和しているので、一定期間は症状が軽くなり、比較的活発に活動できる時期と、思うように動けない時期があります。会った人に「回復してよかったね」と言われることもありますが、それは症状が緩和されている時期ということで、実際は月の半分は外出も減ります。

それでも、適度にコントロールしながら仕事もできています。特に原稿を書く仕事は、座ってパソコンに向かう作業なので、私にもできます。この仕事をしていて本当によかった！　とつくづく感じます。仕事に集中しているときは足腰の痛みも忘れていますので、忙しく働くことの意義はとても大きいです。

それでも、一番の心配は自分の体調管理です。

毎日座って原稿を書いていると、明らかに運動不足になり、それが原因で足腰痛が悪化して、悪循環を感じます。適度な運動が必要だとわかっていても、体が不自由な人にとって、運動こそ難関です。転倒への恐怖感があり（人工関節は転倒すると脱臼しやすいリスクがあります）、一人で運動することが難しいからです。こうした悪循環が寝たきりの引き金になることを痛感しています。

運動をしなければと思いながら、特に術後、半年〜二年ぐらいの時期は方法がありませんでした。ジムなどは転倒への恐怖があるので難しく、マンツーマンで専門家についてもらうのは予算的に無理があります。医療行為のリハビリや運動療法は、最長四か月までという制約があります。どうしたらいいのかと悩んでいたところ、介護認定を受けることで、介護サービスのリハビリや運動ができることに思い至った経緯があります。

さて現在は、私が要支援二の認定を受けてから一年半が経過しました。

最初は、平日週二回の半日をリハビリや運動の時間に充てたため、非常に忙しくなって生活リズムが乱れ、そのせいで体調を壊した時期もあります。

それでも何とか乗り切って通っているうちに、数か月で劇的に回復し、バランス感覚が鍛えられて外出への恐怖感が消えたりと、いいことずくめでした。

私が通っているデイサービスは、主にリハビリや運動を中心とした場です。案外スパルタで、厳しく運動させられます（苦笑）。それでも、療法士やスポーツ整体師の先生たちがそろい、その先生たちの指導の下で運動をするので、心理的にも安心安全で効率的です。お年寄り向けですから、かなりゆるい運動ではありますが、それでも定期的に運動するとしないとでは大違い。最近は、仕事が忙しいときには無理せず、適度にサボりながら継続中といったところです。

ところで先日、タクシーに乗ったときに、運転手さんの奥さまも人工関節の手術を受けたそうで、共通の話題で盛り上がりました。

しかし、医療行為のリハビリ期間が終わり、やはり運動不足に悩まれているとのこと。そこで、「介護認定を受ければ運動やリハビリができますよ」と教え、申請の手順も説明しました。

地域包括センターに相談→訪問員による家庭訪問→（六五歳未満は医師の診断書）→認定→認知後、ケアマネジャーが付き、その人に合ったデイサービスを紹介してくれるので、いくつか見学や体験をして、自分に合ったところを選んでスタートさせる——という流れです。最初の相談から実際の認定やスタートまで数か月かかるので、すぐにでも相談に行ったほうがよく、最初の相談は家族でもＯＫであることなど、詳細も説明しました。

介護認定というと、寝たきりや認知症を想像するかもしれないけれど、決してそうではなく、介護予防という観点から運動やリハビリをしている人が多数いることや、定期的に外に出掛け、多くの人と接する機会があるのは心身にとってプラスになること、送り迎えもあるので安心安全であること、友達ができたり若い指導員の先生たちに親切にされたり、実際にみんなが楽しそうに通っていることなどを話しました。

運転手さんは熱心に聞き入り、いろいろと質問も受け、私を降ろしたらすぐに地域の包括センターに行ってみると言い、降りる際には何度もお礼を言われました。

奥さまを一人残して仕事をしている間、きっとこれまでさまざまな不安な思いがあったのでしょう。生きるために仕事をしなければならず、でも仕事中に、もしも奥さまが転んだら？　など、常に心配だったと思います。

運転手さんが私の話を聞いて表情が明るくなったのを見て、介護は本人だけでなく家族の問題でもあることをより実感した次第です。

保険を取り扱う私たちにとっても、介護の問題は身近なテーマですよね。こうした現場の様子を知ることが、顧客に寄り添える知識を持つことにつながります。また〝ナマ〟の情報が一番役に立ちますので、身近な人で経験のある人に、ぜひ話を聞く機会を持ってみてください。

二〇一七年一一月

あとがき

二〇一一年に、私の初の書籍となる『生保営業のたまごとひよこ～成長するためのヒント～』が発行されました。保険毎日新聞での連載コラムをまとめた書籍です。

そして八年が過ぎ連載コラムも二三五本（二〇一九年四月現在）を超えた今、第二弾となる『～保険営業で成長するための～無知の知のススメ』が発行となったことを大変嬉しく、また感慨深く思っております。

連載がスタートした当初は保険営業で飛び回る日々でしたが、自分の病気経験や時代の変化に伴い、今では執筆業が仕事の中心となり、生命保険商品の解説や分析、募集文書の執筆など保険にかかわる文章を書く仕事に追われる毎日となりました。

仕事の形が変わっても、今も変わらず保険業界で長く仕事が続けられていることに感謝しています。個性あふれる人や顧客のために奮闘する熱い思いの人がたくさんいる、この保険業界が私は大好きだからです。

本書の発行に際して、長い期間、私の連載にかかわってくださった保険毎日新聞社の森川様、書籍制作にご尽力いただいた井口様など多くの方に支えられてこの書籍が発行となり感謝しております。

また、いつも応援してくれる家族や保険業界の仲間たちにも、心から感謝申しあげます。みんな、いつもありがとう。

最後に、長年お世話になり、いつも応援してくださった保険ジャーナリストの大先輩である石井秀樹氏のご逝去に際し、心からの感謝と哀悼の意を表します。

令和元年五月

森田　直子

章扉のイラストと本文中のマンガはすべて著者

～保険営業で成長するための～無知の知のススメ

著　　者　森　田　直　子
発 行 日　2019年6月15日

発 行 所　株式会社保険毎日新聞社
〒101-0032　東京都千代田区岩本町１－４－７
TEL　03-3865-1401／FAX　03-3865-1431
URL　http://www.homai.co.jp/

発 行 人　真　鍋　幸　充
カバーデザイン　塚　原　善　亮
印刷・製本　株式会社ミツワ

ISBN978-4-89293-417-9